Markus Brand, Frauke K. Ion

30 Minuten für mehr

Work-Life-Balance durch die 16 Lebensmotive

Bibliografische Information Der Deutschen Bibliothek

Die Deutsche Bibliothek verzeichnet diese Publikation in der Deutschen Nationalbibliografie; detaillierte bibliografische Daten sind im Internet über http://dnb.ddb.de abrufbar.

Wird empfohlen von

N24

Umschlag und Layout: die imprimatur, Hainburg
Lektorat: Friederike Mannsperger, Offenbach
Satz: Zerosoft, Timisoara, Rumänien
Druck und Verarbeitung: Salzland Druck, Staßfurt

3. Auflage 2009

Hinweis:
Das Buch ist sorgfältig erarbeitet worden. Dennoch erfolgen alle Angaben ohne Gewähr. Weder Autor noch Verlag können für eventuelle Nachteile oder Schäden, die aus den im Buch gemachten Hinweisen resultieren, eine Haftung übernehmen.

Printed in Germany

ISBN 978-3-89749-870-9

Abonnieren Sie unseren Newsletter unter:
www.gabal-verlag.de

In 30 Minuten wissen Sie mehr!

Dieses Buch ist so konzipiert, dass Sie in kurzer Zeit prägnante und fundierte Informationen aufnehmen können. Mithilfe eines Leitsystems werden Sie durch das Buch geführt. Es erlaubt Ihnen, innerhalb Ihres persönlichen Zeitkontingents (von 10 bis 30 Minuten) das Wesentliche zu erfassen.

Kurze Lesezeit
In 30 Minuten können Sie das ganze Buch lesen. Wenn Sie weniger Zeit haben, lesen Sie gezielt nur die Stellen, die für Sie wichtige Informationen beinhalten.

- Alle wichtigen Informationen sind blau gedruckt.

- Schlüsselfragen mit Seitenverweisen zu Beginn eines jeden Kapitels erlauben eine schnelle Orientierung: Sie blättern direkt auf die Seite, die Ihre Wissenslücke schließt.

- *Zahlreiche Zusammenfassungen innerhalb der Kapitel erlauben das schnelle Querlesen. Sie sind blau gedruckt und zusätzlich durch ein Uhrsymbol gekennzeichnet, sodass sie leicht zu finden sind.*

- Ein Register erleichtert das Nachschlagen.

Inhalt

Vorwort

Sie möchten in Beruf und Privatleben endlich verwirklichen, was Sie sich schon viel zu lange nur vorgenommen haben? Sie wünschen sich mehr Lust und Energie für Ihren Partner, Ihre Kinder, Ihre Hobbys und wollen dennoch Ihren beruflichen Erfolg weiter steigern? Das Reiss Profile ist ein renommiertes Instrument der Persönlichkeitspsychologie, das mit den individuellen Ausprägungen der 16 Lebensmotive die persönliche Antriebs- und Motivationsstruktur eines Menschen analysiert. Es ermöglicht, passgenaue Maßnahmen für eine schnelle und effektive Zielerreichung in den verschiedensten Wirkungsbereichen abzuleiten.

Beispiel

Durch ein Reiss Profile hat Melanie Muster vertiefte Erkenntnisse hinsichtlich ihres stark ausgeprägten Lebensmotivs „Macht" und des gering ausgeprägten Motivs „Unabhängigkeit" gewinnen können. Sie ist sich nun bewusst, dass sie einerseits lieber selbst Entscheidungen trifft, als andere bestimmen zu lassen. Andererseits hat sie ein tiefes Bedürfnis danach, Teil einer harmonierenden Gruppe zu sein, statt sich durch die „Entscheiderrolle" herauszuheben. Während sie sich früher zu suggestiven Äußerungen wie „Wir alle finden es doch besser, wenn..." hinreißen ließ, hat sie heute für Entscheidungssituationen in Berufs- wie Privatleben gelernt, beide Wünsche durch Übernahme einer Moderatorrolle gleichzeitig zu berücksichtigen.

Mit diesem Buch möchten wir Sie nicht nur darin unterstützen, mittels ähnlicher Einsichten eine optimale Ausgeglichenheit von Berufs- und Privatleben zu erreichen. Vielmehr ermöglicht Ihnen eine Berücksichtigung Ihrer individuellen Antreiber, zum „Navigator" einer ganzheitlichen „Lebensbalance" zu werden.
Grundlage dafür ist die Beantwortung der Frage: „Wer ist Ich"? Eine ausführliche Analyse Ihrer Lebensmotivstruktur kann nur von einem ausgebildeten Reiss Profile Master vorgenommen werden. Aber schon eine Selbsteinschätzung als Orientierungslandkarte wird Sie in die Lage versetzen, aus Ihren persönlichen Bedürfnissen konkrete und wertvolle Handlungsweisen abzuleiten.
Sie erhalten mit diesem Buch einerseits einen Überblick darüber, was die 16 Lebensmotive sind und welche Bedeutung sie für Ihr Leben haben. Sie lernen das Reiss Profile als Diagnose-Instrument in verschiedenen Anwendungsbereichen kennen und erfahren anhand praxisnaher Beispiele, wie Sie Ihren Umgang mit sich selbst und anderen optimieren können.
Nehmen Sie sich 30 Minuten Zeit, um durch ein Erkennen Ihres persönlichen „Strickmusters" Ihre Lebensqualität nachhaltig zu erhöhen. Wir wünschen Ihnen viel Erfolg!

Markus Brand
Frauke K. Ion

www.institut-fuer-lebensmotive.de

1. Work-Life-Balance durch die 16 Lebensmotive

Wie können Sie Ihr Leben gestalten?

Seite 9

Was beinhaltet eine ganzheitliche Work-Life-Balance?

Seite 11

Wo können Sie für eine ganzheitliche Lebensbalance ansetzen?

Seite 12

Sie haben verschiedene Möglichkeiten, Ihr Leben zu gestalten. Sie können es „über sich ergehen lassen“ – oder es „in die Hand nehmen“. Haben Sie sich dafür entschieden, Ihr Leben aktiv zu gestalten, bieten Ihnen die 16 Lebensmotive einen leicht zugänglichen Ansatzpunkt, wie Sie zu Ihrem eigenen Lebensnavigator werden. Lernen Sie passgenaue Maßnahmen gemäß Ihrer individuellen Antriebs- und Motivationsstruktur abzuleiten und so schnell und effektiv eine ganzheitliche Lebensbalance zu erfahren!

1.1 Wo sitzen Sie in Ihrem Bus?

Stellen Sie sich vor, Ihr Leben wäre ein Bus. Wie groß ist er? Wie ist sein Zustand? Welche Farbe hat er? Stellen Sie sich weiter vor, Sie befinden sich in Ihrem Bus. Wo sitzen Sie? Was tun Sie?
Vielleicht sind Sie Fahrgast. Sie sitzen in einer der Reihen, genießen die Fahrt, schauen aus dem Fenster und vertrauen darauf, dass Sie irgendwann Ihr Ziel erreichen. Möglicherweise haben Sie das Fenster geöffnet und halten die Nase in den Fahrtwind. Es bleibt zu hoffen, dass Sie in diesem Fall nicht an Reiseübelkeit leiden …
Unter Umständen sind Sie selbst der Fahrer. In diesem Fall legen Sie das Ziel fest, lesen die Straßenkarte und bestimmen den Weg. Es ist Ihre Aufgabe zu entscheiden, wer wann zusteigt und wer nicht. Zudem sind Sie verantwortlich für den Zustand des Busses und seine Fahrtauglichkeit – es gilt, nicht so beschäftigt mit dem Fahren zu sein, dass Sie das Tanken vergessen …
Die Rollen von Fahrgast und Busfahrer stehen für verschiedene Einstellungen, mit Ihrem Leben umzuge-

hen. Während ein Fahrgast eher passiv „mitfährt", beeinflusst ein Busfahrer aktiv das Geschehen.
Ziel dieses Buches ist, Ihnen zu helfen, der bestmögliche „Busfahrer" Ihres „Lebensbusses" zu werden. Mit den folgenden Seiten werden Sie

- die Theorie der 16 Lebensmotive nach Prof. Steven Reiss kennen lernen. Reiss geht davon aus, dass die persönliche Motivstruktur eines Menschen individuell wie sein Fingerabdruck ist und Aussagen darüber ermöglicht, welche Ziele er in seinem Leben anstrebt.
- eine Selbsteinschätzung Ihrer individuellen Ausprägungen der 16 Lebensmotive vornehmen. Diese Annäherung an Ihre persönliche Motivstruktur dient Ihnen als innere „Landkarte" bei Fragen wie „Wo will ich hin?" und „Wie komme ich dahin?"
- lernen, die Erkenntnisse über Ihre Lebensmotive für einen bewussteren Umgang mit sich selbst zu nutzen. Sie erfahren, wie Sie das Reiss Profile als Navigationshilfe beispielsweise bei der Berufswahl oder der Festlegung Ihrer Prioritäten verwenden können.
- Hilfestellung erhalten, Ihren Umgang mit anderen zu optimieren. Sie blicken über den Rand Ihrer „Brille" hinaus und bereichern Ihre Beziehungen durch gesteigerte Wertschätzung von Andersartigkeit.

Mit dem Reiss Profile gewonnene Erkenntnisse ermöglichen Ihnen, zum „Busfahrer" Ihres Lebens zu werden. Durch eine Antwort auf die Frage „Wer ist Ich?" und das gesteigerte Bewusstsein für die eigene Motivstruktur erhalten Sie eine innere „Landkarte", die Sie zum Navigator eines Ihnen entsprechenden Lebens macht.

1.2 Lebensbalance

Unter Work-Life-Balance wird traditionell die Vereinbarkeit von Berufs- und Privatleben eines Menschen verstanden. Unzählige Werke zahlreicher Autoren bieten Ratschläge, wie diese Ausgewogenheit zu erreichen sei. Grundlegendes Paradigma ist dabei die Annahme einer Art inneren Waage, mit der die Lebensbereiche Beruf und Freizeit in ein Gleichgewicht zu bringen sind.
Aber sind Berufs- und Privatleben tatsächlich zwei strikt voneinander getrennte Lebensbereiche? Sind Arbeit und Freizeit nicht vielmehr zwei ineinander greifende Teile eines Lebens – ähnlich einem Puzzle?
Um wirklich glücklich zu sein, bedarf es unserer Erfahrung nach mehr, als den Spagat zwischen Karriere und Familie zu schaffen. Nachhaltiger ist es, seine Bedürfnisse in allen Lebensbereichen zu berücksichtigen – und somit eine ganzheitliche Lebensbalance zu erreichen. Wer beispielsweise durch ein stark ausgeprägtes Neugiermotiv eine hohe Motivation durch Wissenserwerb erfährt, kann Befriedigung durch das Lernen einer Sprache erlangen – unabhängig davon, ob deren Anwendung im beruflichen oder privaten Kontext erfolgt. Auch intellektuell anspruchsvolle Diskussionen werden jemanden mit hoher Neugier sowohl bei Projekttreffen im Unternehmen als auch bei einem Glas Wein mit Freunden Werteglück verschaffen.
Das Reiss Profile ist somit ein Instrument, dass Sie in der Mission Lebensbalance unterstützen kann. Nur wer weiß, was er für seine persönliche Zufriedenheit benötigt, kann auch die entsprechenden Maßnahmen ergreifen, um dieses Ziel zu erreichen.

Eine intensive Beschäftigung mit den 16 Lebensmotiven erfordert allerdings auch Mut: die Courage, sich nicht nur angenehmen Erkenntnissen zu stellen, sondern auch mögliche „Baustellen" der eigenen Persönlichkeit zu erkennen. Haben Sie den Schneid! Nur wer sich ein Ziel setzt, hat die Möglichkeit zum Erfolg.

Streben Sie eine ganzheitliche Balance all Ihrer ineinander greifenden Lebensbereiche an, statt sich auf eine polare Ausgewogenheit von Berufs- und Privatleben zu konzentrieren. Wenn Sie Ihren Beruf beispielsweise gemäß Ihren inneren Bedürfnissen wählen, wird sich Arbeit nicht mehr als Arbeit anfühlen, sondern ein Teil Ihres erfüllten Lebens sein.

1.3 Ansatzpunkt: Die 16 Lebensmotive

Was sind die 16 Lebensmotive, was sind sie nicht? Eine Analyse Ihrer Motivstruktur ist kein „Allheilmittel"; sie ist keine „Zauberei" und keine „eierlegende Wollmilchsau". Eine Beschäftigung mit den 16 Lebensmotiven kann nur so wirksam sein, wie Sie es zulassen. Alle Erkenntnisse, die ein Reiss Profile liefern kann, liegen schon mehr oder weniger bewusst in Ihnen – die Schwierigkeit besteht darin, sie an die Oberfläche Ihrer Wahrnehmung zu befördern.

Beispiel
Stellen Sie sich zur Verdeutlichung eine Tasse vor, die – je nach Vorliebe – mit heißem aromatischen Kaffee oder duftendem Tee gefüllt ist. Ist die Tasse ohne Henkel, stellt Sie der Genuss vor erhebliche Schwierigkeiten. Das Porzellan der randvollen Tasse hat sich ebenfalls erhitzt, so

dass das Hochheben zu einer schmerzhaften Angelegenheit wird. Anders sieht es aus, wenn die Tasse einen Henkel besitzt. In diesem Fall haben Sie sich im Laufe Ihres Lebens eine Technik angeeignet, die einfach und schnell zu Behagen im Magen führt.

Die 16 Lebensmotive sind wie der Tassenhenkel in diesem Beispiel. Ungeachtet aller Erkenntnisse durch das Reiss Profile bleiben Sie stets Sie selbst – so wie Kaffee und Tee keiner mysteriösen Metamorphose unterzogen werden. Der Unterschied liegt darin, dass Ihnen mit einer Analyse Ihrer Motivstruktur eine Technik zur Verfügung steht, die den Umgang mit Ihrem Leben „griffiger" macht.

Wir laden Sie ein, Ihre inneren Antreiber durch die 16 Lebensmotive bewusst wahrzunehmen. Mit der Hebelkraft dieser Erkenntnisse können Sie

- *effektive Maßnahmen hin zu einer umfassenden Lebensbalance ergreifen, die genau zu Ihrer Persönlichkeit passen,*
- *Ihre bisherigen Prioritäten hinterfragen und hinsichtlich Ihrer Ziele neu ausrichten,*
- *Ihre Ziele effektiver und effizienter mit weniger Energieaufwand erreichen,*
- *einen Beruf finden, der zu Ihren Stärken passt, so dass Sie Arbeit nicht mehr wirklich als Arbeit empfinden werden,*
- *Ihre Mitarbeiter gezielt Führen oder Ihrem Vorgesetzten konkrete und fundierte Vorschläge zur Erhöhung Ihrer Arbeitszufriedenheit unterbreiten,*
- *Ihre Beziehungen durch gegenseitiges Verständnis und Win-win-Situationen bereichern.*

2. Was sind Lebensmotive?

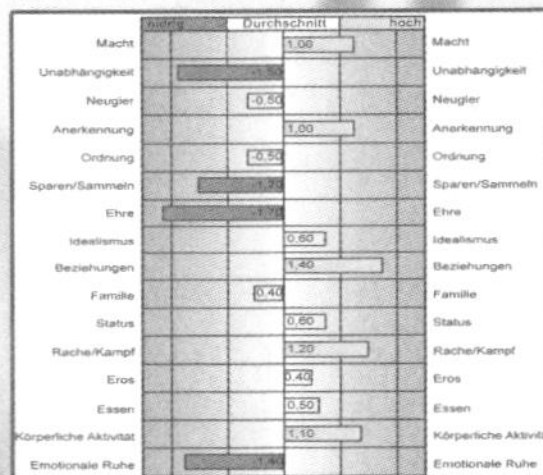

Das Reiss Profile ist ein Instrument zur Analyse der grundlegenden Bedürfnisse eines Menschen. Durch ihren individuumszentrierten Ansatz grenzt sich die Theorie der 16 Lebensmotive von anderen Motivationsmodellen ab. Sie kann helfen, die individuelle Motivation und Volition eines Menschen in Einklang zu bringen und zum schnellen und effektiven Erreichen persönlicher Ziele beitragen. Als Diagnose-Instrument wird das Reiss Profile unter anderem im Management, Sport, in Partnerschaften sowie auch im Privatleben wirksam eingesetzt.

2.1 Motivation und Volition

Warum fällt es einigen so leicht, ihre Ziele zu erreichen, während andere schwer dafür arbeiten müssen oder sogar scheitern? Der Unterschied zwischen intrinsischer Motivation und expliziten Zielen kann dies erklären.

Was uns motiviert, ist uns in der Regel nicht bewusst. Diese intrinsische Motivation wird durch unser individuelles genetisches Erbe und unsere Erfahrungen in der Kindheit geprägt.

Dagegen sind uns unsere Ziele meist bewusst. Was wir erreichen wollen, wird durch sozialen Einfluss geprägt, denn Ziele sind das Ergebnis unserer eigenen Erwartungen und der Erwartungen anderer. Sie sind rational und viel leichter in Worte zu fassen. Dieser Wille zur Zielerreichung wird Volition genannt.

Beispiel
Unsere Motivation und Volition stimmen oft nicht überein. Denken Sie an einen Vertriebsmitarbeiter mit einem gering ausgeprägten Beziehungsmotiv (Motivation). Ihm fällt es schwer, Kontakte mit anderen zu knüpfen, obwohl seine Aufgabe gerade darin besteht, den Kundenstamm seiner Firma zu halten und neue Kunden zu gewinnen (Volition). Seine inneren Motive und seine expliziten Ziele sind gegensätzlicher Natur. Es kostet ihn viel Energie, die gesetzten Ziele zu erreichen, da er nicht im Einklang mit seiner Motivation und somit seinen inneren Energielieferanten handelt.

Stellen Sie sich Motivation und Volition symbolisch als zwei große Kreise vor. Den Bereich, in dem sich die beiden Kreise überschneiden, bezeichnen wir als „Sweet Spot" – den optimalen Bereich der Effektivität und Wirksamkeit. In diesem Schnittpunkt sind Motivation und Volition miteinander in Einklang: Die inneren eher unbewussten Motive sind in Harmonie mit den eher bewussten Zielen, die wir erreichen wollen. Hier können Sie mit dem geringsten Aufwand das beste Ergebnis erreichen.

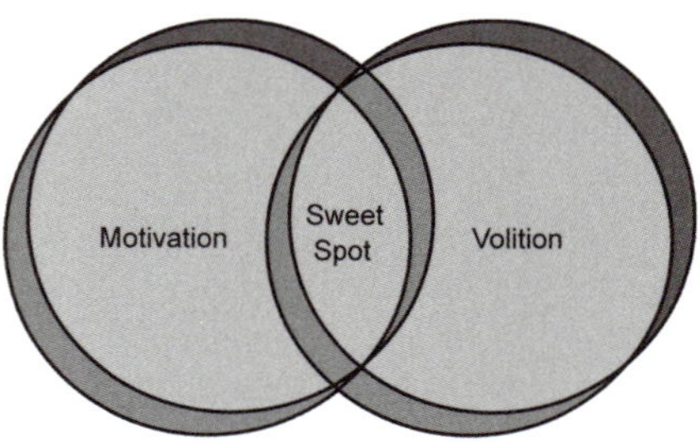

Abb.: Der „Sweet Spot" als Optimum der Effektivität

Wenn unsere Ziele nicht mit unseren intrinsischen Antreibern übereinstimmen, ist viel (Willens-)Kraft notwendig, um entgegen der fehlenden inneren Motivation zu handeln. Wir fühlen uns „demotiviert". Eine Lebensmotiv-Analyse nach dem Reiss Profile kann dazu beitragen, sich der inneren Motive bewusster zu werden und entsprechende Ziele zu setzen.

Wenn Ihre intrinsische Motivation mit Ihren gesetzten Zielen (Volition) übereinstimmt, können Sie leicht schaffen, was Sie sich vornehmen. Durch eine Lebensmotiv-Analyse können Motivation und Aufgaben durch ein größeres Bewusstsein für die inneren Motive besser aufeinander abgestimmt werden. So können Sie auch große Herausforderungen meistern!

2.2 Das Zwiebelschalen-Modell unserer Identität

Stellen Sie sich die menschliche Identität wie eine aufgeschnittene Zwiebel vor. An der „Oberfläche" liegen Fähigkeiten und Verhalten, tiefer im „Kern" unsere Glaubenssätze und psychologischen Bedürfnisse.
Die 16 Lebensmotive bilden das Innerste, sie sind auf der tiefsten Ebene unserer Identitätsstruktur angesiedelt. Sie sind die Basis, auf der sich durch Sozialisation, Lernen und Erfahrungen die Inhalte der anderen „Schalen" unseres Selbst formieren. Je tiefer eine „Schale" im Zwiebel-Modell liegt, umso schwerer ist sie bewusst veränderbar.

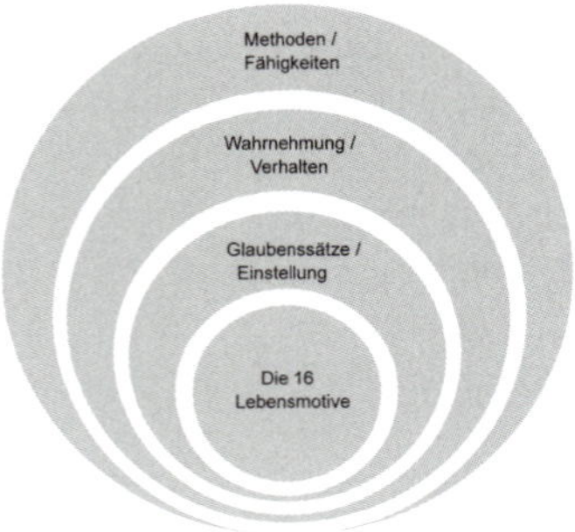

Abb.: Das Zwiebelschalen-Modell der menschlichen Identitätsstruktur

Die meisten psychologischen Diagnoseverfahren und Persönlichkeitsmodelle wie DISG, Insights Discovery, MBTI etc. haben ihren Ansatzpunkt auf der Verhaltensebene: Sie erklären, wie wir uns verhalten, treffen aber keine Aussage darüber, warum wir uns so verhalten. Bei einem Reiss Profile hingegen werden ausschließlich die stabilen Persönlichkeitsmerkmale analysiert. Somit bietet es die Möglichkeit, von dort aus Merkmale auf anderen Identitätsebenen nicht nur abzuleiten, sondern diese auch zu beeinflussen.

Beispiel
Bernd Beispiel geht gerne auf VIP-Partys. Dies muss nicht zwangsläufig bedeuten, dass er ein geselliger Typ ist; ein hohes Statusstreben kann ebenfalls der Grund sein. Genau hier setzt eine Lebensmotiv-Analyse an, indem sie die zugrunde liegende Motivstruktur aufdeckt. So wird eine treffende Aussage über die wahren Beweggründe des Partygängers ermöglicht.

Die 16 Lebensmotive bilden als Grundbedürfnisse den Kern unserer Identitätsstruktur. Für eine Persönlichkeitsanalyse ist es nachhaltiger, wenn man von innen nach außen vorgeht und seine Methoden und Fähigkeiten an seine Lebensmotive anpasst – statt Verhaltensweisen zu erwerben, die den eigenen Bedürfnissen nicht entsprechen.

2.3 Wissenschaftlicher Hintergrund und Abgrenzung zu anderen Theorien

Steven Reiss, der Begründer der Lebensmotiv-Analyse, ist derzeit Professor für Psychologie und Psychiatrie an der Ohio State University in Columbus, Ohio, USA. Zuvor hat er am Dartmouth College studiert und an der Yale University promoviert. Seine Studien gehören zu den einflussreichsten in der Psychologie.
Als Reiss 1995 lebensbedrohlich erkrankte, stellte er sich die Frage: „War ich glücklich in meinem Leben?" Bei der Suche nach einer Antwort auf diese Frage entdeckte er eine „Lücke" in der wissenschaftlichen Motivationsforschung. Dort fehlten bislang Modelle zur Analyse der individuellen Motivstruktur, die sich mit der Frage befassen, was ein Mensch in seinem Leben erreichen möchte. Also begab er sich nach seiner Genesung selbst an die Erforschung überdauernder Werte, Ziele und Motive.
In neun großen Studien mit insgesamt über 7000 Probanden hat Reiss untersucht, welche „Endmotive" den Menschen antreiben. Er fand heraus, dass es 16 fundamentale Werte und Bedürfnisse gibt, die den Menschen motivieren:

1.	Macht	9.	Beziehungen
2.	Unabhängigkeit	10.	Familie
3.	Neugier	11.	Status
4.	Anerkennung	12.	Rache/Wettkampf
5.	Ordnung	13.	Eros
6.	Sammeln/Sparen	14.	Essen
7.	Ehre	15.	Körperliche Aktivität
8.	Idealismus	16.	Emotionale Ruhe

Diese 16 Lebensmotive sind „Endzwecke" des Handelns, die wir als Grundwerte oder sogar Sinn des Lebens erfahren. Mittel wie Geld können nur dazu beitragen, dass wir diese Motive befriedigen. Demnach sind die 16 Lebensmotive intrinsische Motivatoren, die grundlegend für das verantwortlich sind, was uns eher Energie gibt als Kraft kostet.

In der Psychologie gab es bisher kaum umfassende Persönlichkeitstheorien, die empirisch getestet werden konnten. Die Theorie der 16 Lebensmotive hingegen ist eine vollständig empirisch nachprüfbare Persönlichkeitstheorie.

Das Reiss Profile besitzt gegenüber den meisten traditionellen Persönlichkeitsverfahren eine höhere Validität und Reliabilität. Die Validität gibt an, ob das zur Anwendung kommende Messinstrument tatsächlich das misst, was es zu messen vorgibt. Sowohl für die Kriteriums- wie auch für die Konvergenzvalidität konnten hohe Werte ermittelt werden. Reliabilität hingegen ist das Maß für die Genauigkeit der Messung des Instruments. Hier konnte in verschiedensten Studien für die Lebensmotiv-Analyse eine Test-Retest-Reliabilität von über .83 und eine durchschnittliche interne Konsistenz von .86 ermittelt werden.

Zusätzlich zeichnet sich das Reiss Profile durch eine geringe soziale Erwünschtheit aus. Mit dieser Messgröße wird die Tendenz von Probanden bezeichnet, falsche Antworten zu geben, um einen „besseren Eindruck“ von sich zu vermitteln. Solch ein normkonformes Verhalten kommt mit einem Wert von weniger als 3 % nur in einem ausgesprochen geringen Ausmaß vor.
Bei einer Lebensmotiv-Analyse wird ein individuelles Motivprofil ermittelt. Dieses Motivprofil fasst die Ausprägungen aller Motive eines Menschen zusammen. Man kann es mit einem genetischen Fingerabdruck vergleichen, denn die Beschaffenheit der Motivstruktur ist bei jedem Menschen einmalig: Es sind über 6.000.000.000 verschiedene Motivkonstellationen möglich!
Erst wenn man das individuelle Motivprofil eines Menschen kennt, kann man beginnen, sein Denken, Empfinden und Handeln zu verstehen. Denn die Lebensmotive gestalten unser Leben: Sie lenken und organisieren unser Verhalten, sie bestimmen unsere Konzentration und Aufmerksamkeit, sie bestimmen unser Denken und Fühlen. Dabei wird kein Lebensmotiv von zwei Menschen identisch erfahren oder gestaltet. Was einen Menschen so einzigartig macht, ist die jeweilige Kombination der Bedürfnisse und was sie für ihn bedeuten.
Wichtig ist, dass ein Reiss Profile wertfrei betrachtet werden sollte. Es gibt kein „besser“ oder „schlechter“, sondern eine unabhängige Darstellung der menschlichen Individualität. Zudem ist das Reiss Profile kein Therapie-, sondern in erster Linie ein Diagnose-Instrument, auf dessen Basis Coaching, Beratung oder Therapie aufgebaut werden können. Eine Auswertung der Lebensmotive eines Menschen ist nur eine von vielen

möglichen Informationsquellen, aus denen von Psychologen und Beratern Handlungsempfehlungen abgeleitet werden können.

Das Reiss Profile ist eine Persönlichkeitstheorie, die im Gegensatz zu anderen Diagnoseverfahren mit hohen Validitäts- und Reliabilitätswerten empirisch fundiert ist. Die Lebensmotiv-Struktur eines Menschen ist individuell wie sein Fingerabdruck und gibt Auskunft darüber, nach welchen „Endzwecken" er in seinem Leben strebt.

2.4 Das Diagnose-Instrument: Reiss Profile

Ein Reiss Profile wird durch die Beantwortung eines wissenschaftlichen Fragebogens erstellt. Dieser besteht aus 128 Aussagen, die sich auf Ziele, Absichten und Werte beziehen, z. B. „Ich strebe danach, von anderen anerkannt und akzeptiert zu werden". Aufgabe ist es, diese Aussagen mithilfe einer Skala zu bewerten:

– 3 = völlig falsch
– 2 = meistens falsch
– 1 = manchmal falsch
0 = neutral/weder noch
1 = manchmal richtig
2 = meistens richtig
3 = völlig richtig

Geht es in den Aussagen um etwas, das die Testperson noch nicht erlebt hat, versucht sie sich vorzustellen, wie sie vermutlich reagieren würde. Wenn man also z. B.

noch keine Kinder hat, aber bewerten soll, wie sehr man es liebt, Kinder zu erziehen, dann antwortet man so, wie man es in seiner Vorstellung mögen würde.
Der Fragebogen wird online (oder auf Papier) ausgefüllt, mit einer webbasierten Software von einem Reiss Profile Master ausgewertet und anschließend besprochen. Die Ergebnisse werden in einem ausführlichen schriftlichen Bericht dargestellt, dessen Kernstück das sogenannte „Reiss-Balkendiagramm" (auf dem Cover des Buchs in Farbe, im Buch in Grautönen) ist.

Beispiel
Bernd Beispiel hat sich an unserem Institut für Lebensmotive seine Lebensmotiv-Analyse erstellen lassen. Die grafische Darstellung seines Reiss Profiles finden Sie zur Verdeutlichung auf der nächsten Seite.

Auf der Abbildung auf S. 24 ist ein Lebensmotiv als stark nach rechts ausgerichteter Balken (grün bzw. hier mittleres Grau) dargestellt, wenn der Wert für das Motiv im Bereich von +0.80 und +2.00 liegt. Ein grünes Motiv gehört zu den stark wirksamen Lebensmotiven.
Bei einem Wert von –2,00 bis –0,80 symbolisiert ein roter (bzw. hier dunkelgrauer) Balken, der sich nach links ausstreckt, die Ausprägung des Motivs. Das Motiv ist in diesem Fall in umgekehrter Richtung wirksam: Jemand mit „roter Beziehung" hat beispielsweise ein stärkeres Bedürfnis nach Alleinsein statt nach Geselligkeit. Er ist als eher introvertierter Einzelgänger glücklich. Die Bedeutung eines Lebensmotivs hängt vom situativen Kontext ab, wenn der Motivwert zwischen –0,79 und +0,79 liegt. Hier ist der entsprechende Balken in der Darstellung gelb (bzw. hellgrau) eingefärbt.

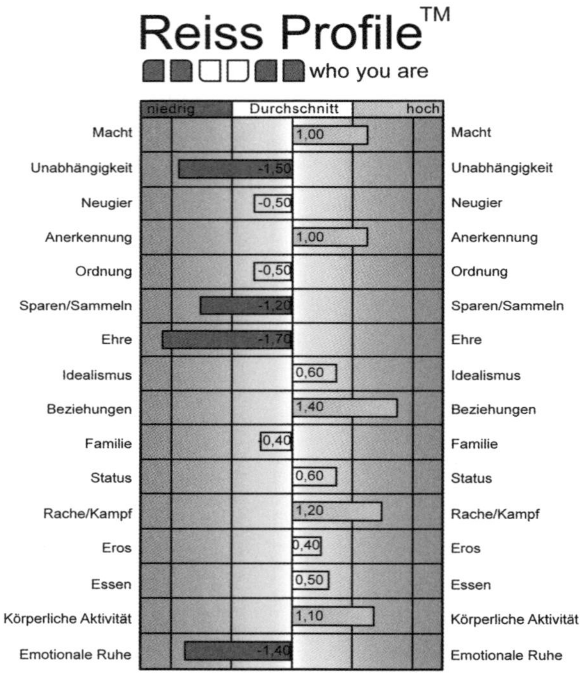

Abb.: Reiss Profile von Bernd Beispiel

Die farbliche Darstellung der Motive im Reiss-Balkendiagramm wird im Folgenden dazu benutzt, die Motivausprägung sprachlich deutlich zu machen. Ist etwa von „grüner Anerkennung“ die Rede, ist damit ein hohes Bedürfnis nach Anerkennung gemeint. Wird dagegen von „roter emotionaler Ruhe“ gesprochen, bezeichnet dies die niedrige Ausprägung des Ruhemotivs. Eine Lebensmotiv-Analyse gilt als ausgesprochen zeitstabil, daher kann aufgrund eines Reiss Profiles menschliches Verhalten interpretiert und vorhergesagt werden. Hierzu sind vor allem die stark wirksamen grünen und roten Motive eines Menschen relevant.

Das Reiss Profile als Diagnose-Instrument basiert auf einem wissenschaftlichen Fragebogen. Die Auswertungsergebnisse werden in einem Diagramm abgebildet, in dem jedes Lebensmotiv als ein nach links oder rechts ausgerichteter Balken in grüner, roter oder gelber Farbe dargestellt wird. Ein solches Reiss-Balkendiagramm ist Grundlage für Erkenntnisse hinsichtlich der intrinsischen Motivatoren eines Menschen in verschiedenen Anwendungsgebieten.

2.5 Anwendungsgebiete

Durch die fundamentale Bedeutung der 16 Lebensmotive für unser Leben erschließt das Reiss Profile zahlreiche Anwendungsfelder. Seit 2002 wird es in Deutschland in vielfältigen Bereichen als Gruppen- oder Einzelintervention wirksam eingesetzt.
Im Folgenden wird die Verwendung der Lebensmotiv-Analyse im Management, im Sport, in einer Partnerschaft und im Privatleben herausgegriffen. Schon durch diese Aufteilung wird erneut deutlich, dass das Reiss Profile als Diagnose-Instrument nicht nur in den klassischen Bereichen „Beruf" und „Privates" einzusetzen ist. Sie können sich mithilfe der 16 Lebensmotive in den verschiedenen Rollen und Aufgaben Ihres Lebens hin zu einer ganzheitlichen Lebensbalance navigieren.

Die 16 Lebensmotive im Management

Durch ein Reiss Profile lernen Führungskräfte und Manager ihre individuelle Motivstruktur und deren Auswirkung auf das eigene Handeln kennen. Sie werden dabei unterstützt, ihre berufliche Situation so zu gestalten, dass sie hohe Zufriedenheit und Leistungsbereitschaft erreichen und ihr Führungsverhalten optimieren. Viele Menschen gehen davon aus, dass für eine erfolgreiche Karriere ein hohes Machtstreben notwendig ist. Seit der Arbeit mit dem Reiss Profile wissen wir, dass auch andere Motive zu einem guten Managementjob führen können.

Zudem lernen Führungskräfte, Ihre Mitarbeiter motivorientiert zu führen. Sie können Willen und Antreiber erkennen und eine richtige Einschätzung hinsichtlich der Motivation und des Potenzials ihrer Mitarbeiter vornehmen. Sie werden in die Lage versetzt, Rollen und Verantwortung optimal zu verteilen und Konfliktpotenziale einfach zu entschärfen. Auch die Kommunikation kann mit jedem Mitarbeiter individuell gestaltet werden. Langfristig wird so eine gesteigerte Leistungsfähigkeit und Zufriedenheit aller Beteiligten erreicht.

Auf der anderen Seite kann eine Lebensmotiv-Analyse auch klären, welche Ursachen die Unzufriedenheit eines Mitarbeiters hat und wie ihr entgegengewirkt werden kann. Besitzt er beispielsweise ein hoch ausgeprägtes Beziehungs- und ein geringes Unabhängigkeitsmotiv, ist er ein idealer Netzwerker und Teamplayer. Geht dies in der Arbeitsrealität dagegen mit wenig Kontakt zu Kollegen und Kunden einher, wäre die Einrichtung von schnittstellenübergreifenden Begegnungsmöglichkeiten (Kaffeebar, Besprechungen, etc.) eine mögliche Maßnahme.

Die 16 Lebensmotive im Sport

Die Lebensmotiv-Analyse hilft nicht nur dem einzelnen Sportler, seine Motivstruktur zu erkennen und sich selbst besser zu motivieren, sondern dient auch im Mannschaftssport zur Erreichung besserer Ergebnisse.

> *Beispiel*
> Dass ein Trainer, der seine eigene Motivstruktur sowie die seiner Spieler kennt, gezielter planen, effektiver kommunizieren und individueller motivieren kann, hat sich bei der Handballweltmeisterschaft 2007 gezeigt. Das Reiss Profile hat die Nationalmannschaft auf dem Weg zum Titel begleitet und seinen Teil dazu beigetragen, dass aus der gesamten Mannschaft mehr als die Summe ihrer Teile wurde.

Dies geschieht typischerweise, indem das gesamte Team inklusive des Trainer- und Betreuerstabs eine Lebensmotiv-Analyse durchführt (s. Abb. S. 28). So werden wichtige Erkenntnisse bezüglich der Verantwortungsbereitschaft, Führungsqualität, Fitness und Psychologie der Spieler gewonnen, die eine hervorragende Entscheidungsgrundlage bieten.
Ein Spieler mit hohem Rachemotiv ist beispielsweise eher gefährdet für einen Platzverweis als ein Spieler, der eine harmonieorientierte Persönlichkeit besitzt. Ein Spieler mit hohem Ehremotiv hingegen ist vor allem durch das Einhalten und Repräsentieren von Regeln, Prinzipien, Traditionen und Grundsätzen zu motivieren, beispielsweise im Interview auf einer Pressekonferenz.

Die 16 Lebensmotive in der Partnerschaft

Mit einem Reiss Profile können „Klebstoff“ (Gemeinsamkeiten) und „Sprengstoff“ (Unterschiede) in einer beruflichen oder privaten Beziehung aufgedeckt werden.

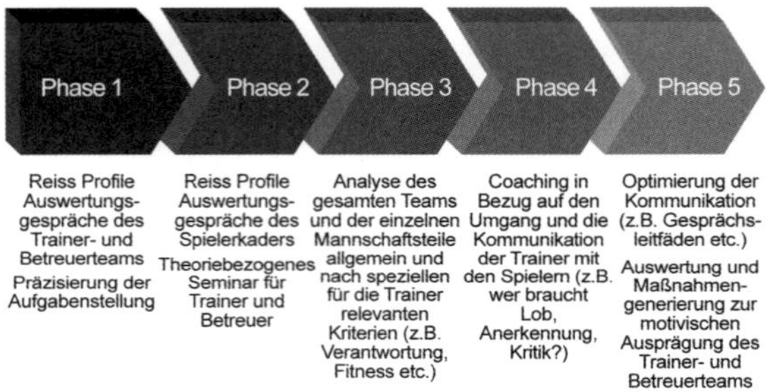

Abb.: Plan einer Anwendung des Reiss Profiles im Sport

Ehen scheitern oft, genau wie Abschlüsse zwischen Geschäfts- und Kooperationspartnern, an mangelndem Verständnis für die jeweilige Verhaltens- und Kommunikationsweise des anderen. Eine offen gelegte Lebensmotivstruktur ermöglicht beiden Seiten, individuell auf den anderen einzugehen und so den Grundstock für eine langfristige und fruchtbare Kooperation zu legen.
In diesem Zusammenhang bemerkte einer unserer Kunden: „Sogar meine Lebenspartnerin zieht das Profil so manches Mal zu Rate, um mir leichter kleine Motivationen zu schaffen".
Paare mit ähnlicher Ausprägung der Lebensmotive haben eine gute Voraussetzung dafür, eine starke Beziehung zu führen. Wenn beide Partner beispielsweise ehrgeizig, neugierig, aktiv oder gesellig sind, dann werden sie diese gemeinsamen Werte teilen, mit ähnlichen Aktivitäten, Fähigkeiten und Interessen leben und mehr Verständnis füreinander haben. Will der eine aber Kinder und der andere nicht, der eine viel Sex und der andere wenig, oder der eine hat ein hohes Neugiermotiv und will intellektuelle Veranstaltungen besuchen und der andere

eher nicht, wird es problematisch. Paare mit stark unterschiedlichen Lebensmotivprägungen werden immer wieder mit diesen Differenzen konfrontiert. Durch häufige Kommunikation, Akzeptanz und letztlich auch Wertschätzung der Andersartigkeit kann das Paar glücklich bleiben. Eine lösbare, wenn auch komplexe und oft nervenaufreibende Art und Weise, eine Lebenspartnerschaft zu führen, denn: It's simple, but not easy!

Auch die „Partnerschaft" von Vorgesetztem und Mitarbeitern kann durch eine Lebensmotiv-Analyse verbessert werden. Vorgesetzte haben als Führungskraft die Aufgabe, ihre Mitarbeiter zu führen. Mitarbeiter sind allerdings Individuen mit den unterschiedlichsten Präferenzen: Während ein Mitarbeiter beispielsweise nach sozialer Akzeptanz sucht und sehr kritiksensibel ist, kann ein anderer Mitarbeiter mit den gleichen Arbeitsaufgaben ein ausgeprägtes Selbstwertgefühl besitzen und Kritik geradezu herausfordern, um sich dadurch zu verbessern. Ein Reiss Profile macht sowohl der Führungskraft als auch ihrem Mitarbeiter Gemeinsamkeiten und Unterschiede im Handeln deutlich und eröffnet die Möglichkeit einer Zusammenarbeit auf der Basis gegenseitigen Verstehens.

Ein weiterer Aspekt ist die Qualität der Zusammenarbeit unter Kollegen. In jedem Team gibt es Mitglieder mit großer Team- und Konsensorientierung – aber auch Mitarbeiter, die eher unabhängig agieren und der Gemeinschaft einen weniger großen Stellenwert einräumen. Ein Reiss Profil macht die individuellen Präferenzen in dieser und anderen Dimensionen sichtbar und ermöglicht das Ableiten von Maßnahmen zur Motivbefriedigung wie Häufigkeit von Besprechungen, Frequenz der Berichte und Reports, Umgang mit körperlicher und persönlicher Distanz, Pausengestaltung etc.

Die 16 Lebensmotive im Privatleben
Die Kenntnis Ihrer Motivstruktur ermöglicht es Ihnen, Ihr Leben auch in privaten Bereichen entsprechend zu strukturieren und Ihre Verhaltensweisen Ihren inneren Wünschen entsprechend auszurichten. Einige Beispiele verdeutlichen dies:

- **Familie:** Eine Frau, die zum größten Teil mit der Kindererziehung und der Hausarbeit beschäftigt ist, die aber ein gering ausgeprägtes Familienmotiv und ein hohes Neugiermotiv hat, wird kaum glücklich werden. Für sie ist es wichtig, Ausgleichstätigkeiten zu finden, die ihr Neugiermotiv befriedigen. Eine Möglichkeit wäre sicherlich, Hausarbeit und Kindererziehung teilweise abzugeben und einen abwechslungsreichen Teilzeitjob auszuüben.
- **Hobby:** Jemand mit einem hohen körperlichen Aktivitätsmotiv, aber nur einem gering ausgeprägten Beziehungsmotiv tut besser daran, keinen Mannschaftssport auszuüben, sondern einen Individualsport.
- **Urlaub:** Jemand, der ein hoch ausgeprägtes Ruhemotiv besitzt und einen Urlaub plant, sollte besser keinen Abenteuerurlaub mit vielen Unwägbarkeiten und Unsicherheitsfaktoren buchen.
- **Wohnen:** Jemand mit hohem Unabhängigkeitsmotiv sollte nicht unbedingt in einer Wohngemeinschaft leben.
- **Ernährung:** Wer ein hohes Essensmotiv besitzt, sollte keine Nulldiät machen. Wenn er sich tatsächlich zu einer Diät entscheidet, dann sollte er zumindest nicht komplett auf Essen verzichten, sondern

sich regelmäßig mit gesunden Nahrungsmitteln versorgen, die nicht dick machen.

Durch eine Lebensmotiv-Analyse können Sie also eine bessere Balance in den verschiedensten Lebensbereichen erreichen. Entsprechend Ihrer Motivstruktur können Sie einen für sich passenden Beruf wählen, der Ihnen eine hohe Arbeitszufriedenheit garantiert. Stressphasen können Sie durch geeignete Maßnahmen im Privatleben ausgleichen. Im Einklang mit den Lebensmotiven können Sie das passende Hobby und erfüllende Freizeitaktivitäten finden.

Durch ein Reiss Profile

- *wird Bewusstsein geschaffen für das, wonach ein Mensch in seinem Leben strebt,*
- *werden die stark und weniger stark wirksamen Lebensmotive eines Menschen identifiziert,*
- *können Methoden und Fähigkeiten effektiver erworben werden.*

Das Reiss Profile findet in Deutschland seit 2002 in zahlreichen Gebieten Anwendung:

- *Im Management kann es z. B. zur Erhöhung der Mitarbeiterleistung und -zufriedenheit verwendet werden.*
- *Im Sport dient es zur Erstellung von individuellen Trainingsplänen oder zur Optimierung der Mannschaftsaufstellung.*
- *In beruflichen und privaten Partnerschaften kann größeres Verständnis für ein besseres Miteinander geschaffen werden.*
- *In privaten Lebensbereichen kann durch eine Familien- und Freizeitgestaltung auf Basis des Reiss Profiles die Lebensqualität erhöht werden.*

3. Die 16 Lebensmotive nach Steven Reiss

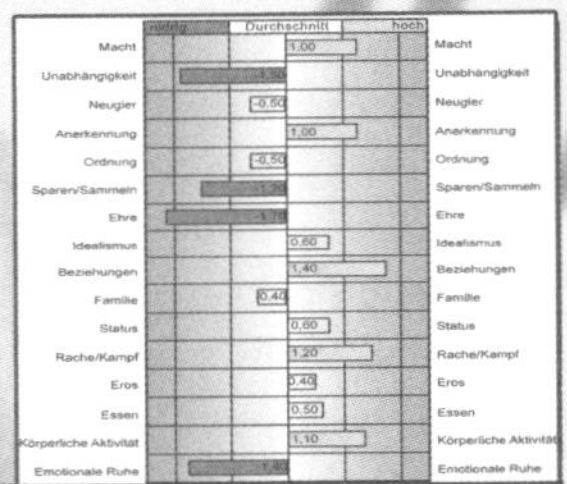

Die Bipolarität der Lebensmotive macht eine treffendere Verhaltensvorhersage möglich. Insgesamt sind die 16 Motive als Dimensionen aufzufassen, die, stark gegensätzlich oder vom Kontext abhängig, unser Verhalten beeinflussen. In vielen Situationen sind gleich mehrere Motive wirksam, die sich verstärken oder widersprechen können. Solche Disharmonien in der Motivstruktur führen zu inneren Konflikten und Unruhe, während das harmonische Zusammenspiel von Motiven unsere Leistung und Zufriedenheit steigert.

3.1 Die Bipolarität der Lebensmotive

Jedes Lebensmotiv beschreibt eine Dimension verschiedenster Ausprägungen, da jedes Motiv für das Leben des Menschen auf andere Art und Weise relevant ist. Während es für die einen von großer Bedeutung ist, kann es für andere gerade in umgekehrter Richtung wirksam sein. Für wieder andere kann ein Motiv je nach Kontext unterschiedlich zum Tragen kommen. Das Reiss-Balkendiagramm stellt das Kontinuum der Lebensmotive in vereinfachter Form dar.

Abb.: Darstellung des Lebensmotivs Macht

Die Bipolarität der Lebensmotive macht deutlich, dass das Reiss Profile keine vorschnellen Verabsolutierungen trifft, sondern die große Bedeutung des Kontextes für unser Leben einbezieht. Ein Wert von –0,75

für das Lebensmotiv Macht bedeutet, dass jemand in Abhängigkeit des Kontexts den Wunsch hat, geführt zu werden. Der Wunsch nach Macht kann allerdings zu verschiedenen Zeiten unterschiedlich ausgeprägt sein.
Empfindet jemand seinen Einfluss als zu gering, kann das Machtbedürfnis „kippen"; etwa, wenn er für sein subjektives Empfinden zu lange im Hintergrund agiert hat oder zu lange nur gemacht hat, was andere möchten. Dies wird durch das Kontinuum bzw. die Bipolarität der Lebensmotive verdeutlicht.

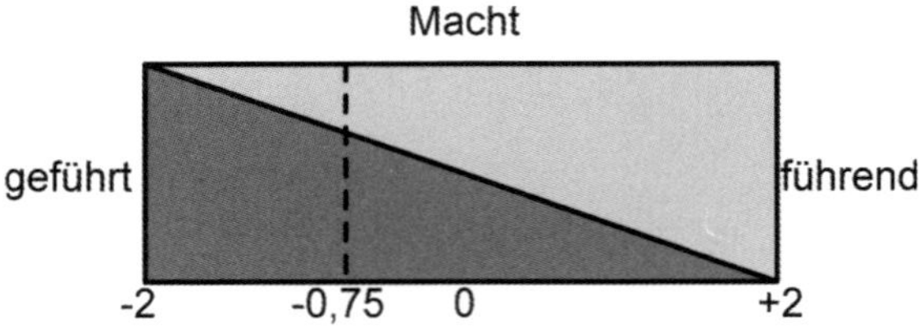

Abb.: Bipolarität des Lebensmotivs Macht

Trotz seines Wertes von –0,75 für Macht wird derjenige daher in bestimmten Situationen auch resolut auftreten, seinen Einfluss geltend machen und „das Steuer in die Hand" nehmen wollen.

3.2 Vorstellung der 16 Lebensmotive

Bei jedem sind die Lebensmotive unterschiedlich ausgeprägt. Mithilfe der folgenden Vorlage können Sie mehr über Ihre individuellen Motivationen erfahren.

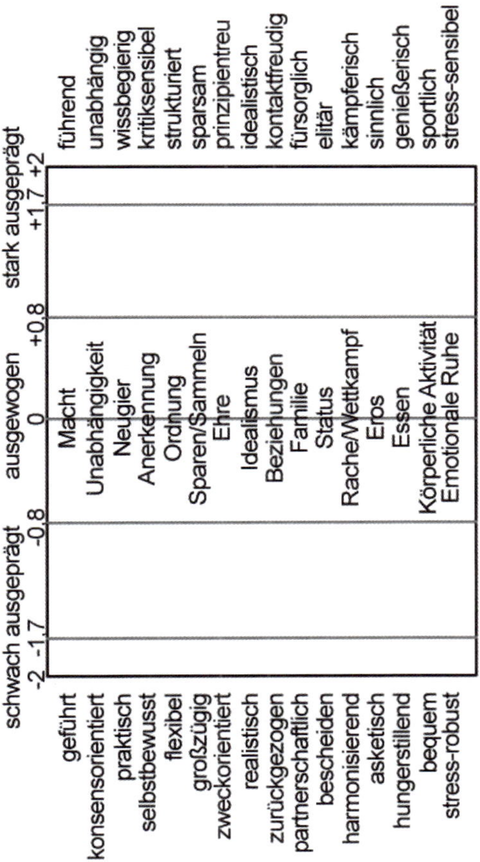

Abb.: Selbsteinschätzung von ____________________

Führen Sie eine Selbsteinschätzung durch, indem Sie für jedes Lebensmotiv gemäß Ihrem Selbstbild und der bisherigen Ausführungen einen nach rechts oder links ausgeprägten Balken in die Abbildung eintragen. Die Adjektive außen gelten dabei nur als Orientierungshilfe. Dieses Arbeitsblatt zur Selbsteinschätzung können Sie auch auf der Website: www.institut-fuer-lebensmotive.de downloaden. Den Zugang zum Fragebogen für eine objektivere und wissenschaftlich fundierte Auswertung Ihres Reiss Profiles erhalten Sie, wenn Sie uns eine E-Mail an info@institut-fuer-lebensmotive.de schreiben. Nun folgt eine Beschreibung der 16 Lebensmotive. Nutzen Sie beim Lesen die Selbsteinschätzung, um über Ihre Motive nachzudenken.

1. Macht

Machtstreben meint den Wunsch nach Einflussnahme. Menschen mit einem hoch ausgeprägten Machtmotiv suchen in der Regel Herausforderungen und haben den Ehrgeiz, exzellente Leistungen zu erbringen. Sie wollen andere Menschen führen sowie Verantwortung und Kontrolle übernehmen. Hohe Machtmotivation bedeutet auch, dass man sich für seine Überzeugungen einsetzt.
Ist das Machtmotiv dagegen niedrig ausgeprägt, wird eine Übernahme von Führungsverantwortung eher vermieden. Menschen mit einem niedrigen Machtbedürfnis mögen es, im Hintergrund zu agieren, unter Anleitung zu arbeiten und nicht die alleinige Entscheidungsgewalt zu haben. Sie müssen nicht ständig ihren Willen durchsetzen. Sie fordern weniger als andere, ziehen ihre Befriedigung aus Dienstleistungen und sind häufig sehr serviceorientiert.

Obwohl das Machtmotiv stabil bleibt, ist der aktuelle Wunsch nach Macht nicht zu jedem Zeitpunkt gleich stark ausgeprägt. Erleben wir unsere Macht als zu groß, neigen wir dazu, „unterwürfiges" Verhalten zu zeigen, um die erwünschte Balance wieder herzustellen. Empfinden wir eine zu geringe Macht, werden wir in unserem Verhalten bestimmter und direkter. Wird das Machtbedürfnis befriedigt, wird Selbstwirksamkeit empfunden. Bleibt es unerfüllt, stellt sich Frustration und Hilflosigkeit ein.

2. Unabhängigkeit

Das Lebensmotiv der Unabhängigkeit umfasst das Streben nach Freiheit und Autonomie. Menschen mit einem hohen Unabhängigkeitsmotiv verlassen sich nur ungern auf andere. Sie mögen es weniger als andere, Hilfe oder Geschenke anzunehmen, um nicht in emotionale Schuld zu geraten. Sie versuchen autonom zu leben. Das Bedürfnis nach persönlicher Freiheit ist stark ausgeprägt und die eigene Individualität wird gepflegt.

Ist das Unabhängigkeitsmotiv eines Menschen nur schwach ausgeprägt, agiert er stark auf der Basis von Vertrauen und strebt wechselseitige Beziehungen mit anderen an. Er ist stark konsensorientiert. Das „auf sich selbst gestellt sein" wird als unangenehm empfunden, stattdessen liegt meist ein hoher Gemeinschaftssinn vor. Jemand mit einem niedrigen Unabhängigkeitsbedürfnis teilt auch private und persönliche Erfahrungen gerne mit anderen und wird durch Team- und Gruppenerlebnisse motiviert.

Lebt ein Mensch sein Unabhängigkeitsmotiv aus, erfährt er Glück und Freude in seiner persönlichen Freiheit. Er fühlt sich hingegen unangenehm gebunden, wenn er in eine zu hohe Abhängigkeit von Menschen oder Umständen gerät.

3. Neugier

Neugier meint die Lust am Lernen des reinen Lernens wegen. Das heißt, der unmittelbare Nutzen des Gelernten steht nicht im Mittelpunkt. Unabhängig vom Intelligenzgrad bereitet Menschen mit hohem Neugiermotiv der Vorgang des Lernens Freude. Neugier äußert sich in erster Linie als intellektuelles Bedürfnis wie Lesen, Schreiben, Nachdenken oder Reflektieren. Neugierige Menschen sind wissbegierig und daran interessiert, die Wahrheit herauszufinden. Bei Routineaufgaben stellt sich schneller Langeweile ein.
Menschen mit einem geringen Neugiermotiv sind dagegen ausgesprochen praktisch orientiert und folgen dem Motto „Just do it" oder „Taten statt Worte". Ideen müssen einen unmittelbaren Nutzen aufzeigen, um ihr Interesse zu wecken. Wird von ihnen verlangt, sich tiefer gehend mit einem philosophischen oder theoretischen Thema zu beschäftigen, kann sie das viel Energie kosten. Wird das Neugiermotiv befriedigt, löst das ein zufriedenes „Staunen" aus. Fühlt man sich dagegen für längere Zeit kognitiv unterfordert, setzt ein Streben nach „geistiger Nahrung" ein.

4. Anerkennung

Anerkennung ist das Maß an persönlicher Unsicherheit. Menschen mit hohem Anerkennungsbedürfnis streben nach hohem Selbstwert. Sie haben gewöhnlich wenig Selbstvertrauen. Das Selbstbild basiert auf dem

Feedback anderer. Weil sie dazu neigen, Kritik persönlich zu nehmen, vermeiden sie Situationen, in denen sie schlecht bewertet werden könnten und streben nach Perfektion. Sie fühlen sich unsicher und tendieren dazu, in sozialen Situationen sehr aufgeregt zu sein. Personen mit einem stark ausgeprägten Bedürfnis nach Anerkennung fühlen sich gut, wenn andere hinter ihnen stehen und sie bestätigen.
Menschen mit niedrigem Anerkennungsmotiv sind sehr selbstsicher und sehen ihre Fehler häufig als Chance, es beim nächsten Mal besser zu machen. Es fällt ihnen leichter, mit Kritik gut umzugehen und diese zu akzeptieren. Rückschläge werden schnell überwunden und das Risiko des „Falschmachens“ viel häufiger eingegangen.
Bekommen wir für unser Bedürfnis zu viel Anerkennung, neigen wir dazu, das Lob nicht mehr ernst zu nehmen. Empfinden wir dagegen ein Anerkennungsdefizit, kann es passieren, dass wir nach Komplimenten „fischen“ und Dinge mit der Motivation tun, von anderen ein Lob zu erhalten. Wird das Streben nach Anerkennung befriedigt, stärkt es unser Ich. Bleibt es hingegen unbefriedigt, sind Selbstunsicherheit und Selbstzweifel die Folge.

5. Ordnung

Das Lebensmotiv der Ordnung kommt zum Tragen, wenn wir Dinge organisieren, Pläne machen, Listen erstellen etc. Menschen mit einem hohen Ordnungsmotiv mögen standardisierte Prozesse und eine gute Organisation. Sie können gut routinierten Abläufen folgen. Sie machen gerne Pläne und können sich meist

nur dann von ihnen lösen, wenn sie unmittelbar durch einen neuen Plan ersetzt werden.
Jemand mit einem gering ausgeprägten Ordnungsmotiv dagegen legt viel Wert auf Flexibilität und Spontaneität. Er passt sich nicht gerne an vorgegebene Prozesse an, da er sie als beengend empfindet. Er plant oft nur in sehr geringem Maß und lebt seine Improvisationsstärke aus. Menschen mit einem geringen Ordnungsbedürfnis halten sich gerne Optionen offen und agieren häufig „der Nase nach". Eine zu hohe Detailorientierung wird als störend empfunden.
Mangelnde Stabilität und Irritation setzen ein, wenn das persönliche Maß an Ordnung untererfüllt ist.
Während der Flexible bei Befriedigung seines geringen Ordnungsmotivs das Gefühl persönlicher Freiheit erlebt, fühlt der hoch Ordnungsmotivierte auf seinem angestrebten Niveau Stabilität und Aufgehobensein.

6. Sammeln/Sparen

Dieses Lebensmotiv bezeichnet das Streben, Dinge zu horten und zu bewahren. Menschen mit einem hohen Bedürfnis nach Sammeln und Sparen können es als unangenehm empfinden, Dinge wegzuschmeißen, selbst wenn sie für den Moment keinen Nutzen bringen. Sparsamkeit und Sammeln wird als Selbstzweck ausgelebt. Unnötige Ausgaben werden vermieden, bereits angeschaffte Objekte werden gut gepflegt, um eine lange Betriebsdauer sicherzustellen. Häufig besteht ein innerer Wunsch, bestimmte Dinge oder Sammlungen zu komplettieren und vollständig zu besitzen.
Großzügigkeit und Freizügigkeit bilden den anderen Pol des Kontinuums dieses Lebensmotivs. Menschen

mit einem geringen Wunsch nach Sammeln und Sparen werfen Dinge eher weg und haben eine geringe Hemmschwelle für Ausgaben. Meist kümmern sie sich weniger um ihren Besitz und neigen zu Verschwendung.
Welches Maß an Sparsamkeit als angenehm empfunden wird, variiert zwischen den Individuen. Stimmt das wahrgenommene Maß nicht mit dem erwünschten überein, beginnen wir entweder mehr Geld auszugeben oder sparsamer zu werden. Wird das Streben nach Sparsamkeit befriedigt, fühlen sich Sammler ebenso wie Großzügige frei von besitzmäßigen Verpflichtungen. Ist dies nicht der Fall, fühlen sich die materiell Freizügigen „gefangen", die Sparer umgibt ein Gefühl der Knappheit oder Verschwendung.

7. Ehre

Ehre bedeutet Loyalität gegenüber einem Moralkodex oder einer ethischen Zugehörigkeit. Menschen mit einem ausgeprägten Ehremotiv legen deshalb viel Wert darauf, „Charakter" zu besitzen und moralisch und prinzipientreu zu handeln. Sie sehen sich als aufrichtig und ehrlich. Ihr Augenmerk liegt auf der Erfüllung ihrer Pflichten, häufig mit hoher Selbstdisziplin. Sie sehen Regeln als wichtig an und orientieren sich an diesen.
Im Gegensatz dazu handelt ein Mensch mit gering ausgeprägtem Ehremotiv eher ziel- und zweckorientiert und achtet häufiger darauf, welchen persönlichen Nutzen er aus etwas ziehen kann. Eine große Stärke liegt im Hinterfragen von Standardisierungen, Regeln und Absprachen. Konrad Adenauers Haltung gemäß dem Motto: „Was interessiert mich mein Geschwätz von gestern" passt

eher zu dieser Ausprägung. Menschen mit einem geringen Ehremotiv besitzen durchaus auch ein Ehrgefühl – bloß der Inhalt der Moral und Ehre ist flexibler.
Haben Menschen das Empfinden, zu stark rücksichtsvoll und moralisch richtig zu handeln, nehmen egoistische Tendenzen zu. Wird das Bedürfnis nach Ehre befriedigt, erleben wir die Freude, loyal zu sein. Menschen mit hohem Ehrewert fühlen sich je nach Befriedigungsgrad integer oder schuldig. Hoch Ziel- und Zweckorientierte erleben sich als flexibel oder gefangen in Prinzipien.

8. Idealismus
Idealismus meint das Bedürfnis nach sozialer Gerechtigkeit und Fairness. Es motiviert Menschen, zum Wohle der Menschheit beizutragen und äußert sich beispielsweise darin, dass sie gemeinnützigen Organisationen beitreten, humanitäre Interessen unterstützen oder Geld spenden. Personen mit einem hohen Idealismusmotiv sind oft selbstlos und nehmen Anteil an dem, was mit den Menschen um sie herum geschieht. Sie möchten dazu beitragen, dass die Welt ein besserer Ort wird. Dafür werden sie manchmal von anderen als „naive Weltverbesserer“ und „unrealistische Träumer“ betrachtet.
Menschen mit gering ausgeprägtem Idealismusmotiv sehen sich dagegen eher weltlich und realistisch, sie handeln pragmatisch orientiert. Ihre Konzentration liegt weniger auf gesellschaftlichen Entwicklungen. Sie glauben, dass Ungerechtigkeit zum Leben dazugehört, weil „die Welt ist, wie sie ist“.
Balance wird beim Idealismusmotiv dadurch erreicht, dass wir bei einem zu starken Empfinden von Unfair-

ness beginnen, globaler zu denken und humaner zu agieren. Haben wir auf der anderen Seite das Gefühl, bereits ausreichend viel für einen „guten Zweck" getan zu haben, wird das Engagement zurückgeschraubt. Wird unser Wunsch nach Idealismus befriedigt, fühlen wir uns als „Gleicher unter Gleichen". Bleibt er jedoch unbefriedigt, empfinden wir Ungerechtigkeit.

9. Beziehungen

Hier geht es um das Streben nach Kontakt, Begegnung und Nähe mit anderen. Menschen mit einem hohen Beziehungsmotiv haben das Bedürfnis, mit anderen zusammen zu sein. Viele von ihnen sind Mitglied in verschiedensten Gruppen und Organisationen. Sie haben in der Regel eine hohe Sozialkompetenz, sind freundlich, umgänglich und extrovertiert. Allein zu sein bereitet ihnen eher Schwierigkeiten, sodass sie auch als aufdringlich und Raum einnehmend empfunden werden können.

Menschen mit sehr gering ausgeprägtem Beziehungsmotiv sind dagegen eher introvertierte Einzelgänger. Sie entspannen in der Einsamkeit und fühlen sich in der Gesellschaft von Fremden schnell unwohl. Sie schöpfen aufrichtige Kraft aus ihrer Privatsphäre. Erzwungene Kontakte oder viel Small Talk frustriert sie schnell.

Jeder wünscht sich ein unterschiedliches Maß an Zeit mit anderen. Wird dieses Maß übertroffen, suchen wir zum Ausgleich in der Regel eine gewisse Abgeschiedenheit; ebenso wie wir uns bei einem Gefühl von Alleinsein in Gesellschaft begeben. Gesellige Menschen, deren Beziehungsbedürfnis befriedigt wird, fühlen sich zugehörig und gebraucht. Bleibt es hingegen unbefriedigt, stellt sich ein Gefühl von Einsamkeit ein. Eher Introvertierte schätzen im befriedigten Zustand vor allem die Zeit für sich selbst. Unbefriedigt vermissen sie vor allem „Ruhe".

10. Familie

Das Streben nach Familie bedeutet, sich fürsorglich gegenüber dem Partner/der Partnerin und möglichen Kindern zu verhalten. Häufig haben diese Menschen den Wunsch, eigene Kinder zu haben und aufziehen zu wollen, sie sind „Familienmenschen". Sie sind oft bereit, die Bedürfnisse ihrer Kinder über die eigenen zu stellen und mögen das Gefühl, gebraucht zu werden. In dem Begriff „Fürsorge" ist auch „Sorge" enthalten – daher beschäftigen sie sich häufig gedanklich mit ihrer Familie und machen sich Sorgen um diese.
Menschen mit gering ausgeprägtem Familienmotiv hingegen wünschen sich seltener Kinder, da sie die Bindung als einengend empfinden können. Haben sie Kinder, bedeutet dies nicht, dass sie ihre Kinder nicht lieben, sondern sie mehr partnerschaftlich als fürsorglich behandeln. Die sogenannte „Leine" ist deutlich länger.
Haben wir ein Gefühl von zu geringer Familienbindung, suchen wir Verwandte oder befreundete Familien auf, um dort für eine Zeit in die „Familienidylle" einzutauchen. Wird uns die eigene Familie auf der anderen Seite manchmal zu viel, versuchen wir, eine Auszeit zu nehmen, in der wir uns um uns selbst kümmern. Wird das Bedürfnis nach Familie erfüllt, stellt sich bei Familienorientierten die Zufriedenheit elterlicher Liebe ein, bei gering Familienorientierten das Gefühl der Unabhängigkeit. Bleibt das Motiv

unbefriedigt, kommt es je nach persönlicher Ausprägung zu „familiärer Leere“ oder zu Frustration darüber, sich kümmern zu „müssen“.

11. Status

Das Streben nach Status beinhaltet den Wunsch nach Prestige in der sozialen Hierarchie. Menschen mit hohem Statusmotiv wollen entweder mehr haben oder mehr können als andere und dafür respektiert werden. Status kann dabei materiell oder immateriell empfunden und ausgelebt werden. Immateriell kann das ein Stolz auf Fähigkeiten, Titel oder Zugehörigkeit zu einer Gruppe oder Organisation sein. Designer-Produkte, teure Autos und edle Dinge nehmen materielle „Statusmenschen“ typischerweise gerne in ihren Besitz.

Ist das Statusmotiv nur gering ausgeprägt, herrscht Bescheidenheit vor. Menschen mit einem geringen Statusbedürfnis legen keinen Wert auf Titel oder Statussymbole. Sie wollen nicht wegen ihres Geldes respektiert werden, sondern aufgrund der Person, die sie sind, und verurteilen elitäres Verhalten. Dies kann dazu führen, dass sie weniger auf ihr eigenes Auftreten und Äußeres achten, weil es ihnen nicht wichtig ist.

In der Regel tendieren Menschen dazu, eine Balance herzustellen, indem sie ihren materiellen und immateriellen Besitz mehr oder weniger nach außen zeigen. Wird das Lebensmotiv Status befriedigt, fühlen sich Statusorientierte wichtig und privilegiert – ansonsten schnell frustriert. Eher bescheidene Menschen fühlen sich in guten Augenblicken gleichbehandelt, in anderen Situationen unangenehm hervorgehoben.

12. Rache/Wettkampf

Das Streben nach Rache oder Wettkampf bedeutet, gewinnen oder sich verteidigen zu wollen. Menschen mit einem hohen Rachemotiv mögen es, sich mit anderen zu messen und werden durch den Wettkampf zu eigenen Höchstleistungen angetrieben. Es ist für sie wichtig, sich zu behaupten und vor Angriffen nicht wegzulaufen. Wettbewerbsfähigkeit und Konkurrenzbetonung stellt eine gewaltfreie Möglichkeit dar, an jemandem Rache zu üben.

Menschen mit einem niedrigen Bedürfnis nach Rache und Wettkampf sind harmonisierend. Im Verhalten herrscht Konfliktvermeidung oder sogar -schlichtung vor, Kompromisssuche hat Vorrang vor dem Austragen der Meinungsverschiedenheit. Solche Menschen vergeben anderen schnell und vergleichen sich nicht gerne mit ihnen. Es ist möglich, dass sie sehr große Zugeständnisse von ihrer Seite machen, um eine Konflikteskalation zu verhindern.

Erfährt jemand zuviel Aggression, Ärger oder Wettbewerb, tendiert er dazu, dies durch friedfertige Handlungen und freundliches Verhalten auszugleichen. Wird das Streben nach Rache befriedigt, fühlen wir uns bestätigt bzw. rehabilitiert. Bleibt es unbefriedigt, herrschen Gefühle von Ärger oder Angst vor.

13. Eros

Eros meint das Streben nach Sexualität, Lust, Schönheit oder Ästhetik. Es umfasst romantische Liebe und Sex genauso wie den Wunsch nach sinnlichem Erleben, z. B. in Kunst und Musik. Menschen mit einem hoch ausgeprägten Erosmotiv haben intensive sexuelle

Fantasien und verbringen Zeit damit, sich für das andere Geschlecht attraktiv zu machen. Sie können dazu neigen, andere aufgrund ihrer physischen Attraktivität zu bewerten.
Menschen mit gering ausgeprägtem Erosmotiv hingegen denken weniger an Sex und sehnen sich seltener danach. Ihr Lebensstil ist eher asketisch. Das Design von Produkten oder Kunst und „schöne" Dinge sind ihnen eher weniger wichtig.
Wird das Streben nach Eros erreicht, fühlt sich dies lustvoll und ekstatisch an. Wird es nicht erfüllt, bleibt starke Unbefriedigung zurück. Asketische Menschen fühlen sich schneller erotisch unter Druck gesetzt, im befriedigten Zustand geschätzt.

14. Essen

Das Lebensmotiv Essen bezeichnet das Streben, sich mit Nahrung in gedanklicher und realer Form zu beschäftigen. Essen stellt für hoch Ausgeprägte nicht nur eine biologische Notwendigkeit dar, sondern hat darüber hinaus auch eine seelische Bedeutung. Vieles dreht sich bei ihnen um das Essen, etwa der Tagesablauf oder die Wochenendgestaltung. Essen ist mit Genuss verbunden, hohe Qualität wird bevorzugt und gerne Neues ausprobiert. Sie müssen dabei nicht unbedingt mehr essen oder dicker sein.
Im Gegensatz dazu sind diejenigen mit niedrigem Essensmotiv in Bezug auf Speisen eher weniger wählerisch. Nicht selten arbeiten sie neben dem Essen einfach weiter, wenn sie in ihre Beschäftigung vertieft sind. Essen ist Nebensache, kein Selbstzweck. Oftmals stört sie sogar das natürliche Gefühl von Hunger, da

sie lieber ihre Zeit für anderes als essen nutzen würden.
Haben wir das genussvolle Essen für unser Empfinden zu lange vernachlässigt, holen wir es nach, ebenso wie man nach intensiver Schlemmerei kleine und einfache Mahlzeiten ohne Aufwand bevorzugt. Ein Mensch, dessen Bedürfnis nach Essen befriedigt wird, fühlt sich nicht nur körperlich satt, sondern auch psychologisch „gesättigt". Auf der anderen Seite bleibt ein Mensch auch auf diese beiden Aspekte bezogen „hungrig", wenn sein Streben nach Essen unerfüllt bleibt.

15. Körperliche Aktivität
Körperliche Aktivität bedeutet das Streben danach, sich bewegen und seinen Organismus einsetzen und spüren zu wollen. Menschen mit einem diesbezüglich hoch ausgeprägten Lebensmotiv wollen einen aktiven Lebensstil führen und viel und regelmäßig Sport treiben. Sie sind athletisch, körperliche Leistungsfähigkeit ist ihnen wichtig. Dabei steht die Aktivität an sich im Vordergrund und nicht, ob jemand in einer speziellen Sportart mit anderen konkurrenzfähig ist. Alternativ kann auch körperliche Arbeit (z. B. im Garten) befriedigen.
Menschen mit gering ausgeprägtem Motiv der körperlichen Aktivität hingegen bevorzugen ein möglichst bewegungsfreies, mitunter „faules" Leben. Bequemlichkeit ist hier ein wichtiger Wert, Ausdauer und Durchhaltevermögen sind hingegen weniger wichtig.
Um hinsichtlich unseres Bedürfnisses nach körperlicher Aktivität ausgeglichen zu sein, passen wir uns in unserem Ausmaß von Bewegung daran an: Wir machen

nach einer Zeit der Bequemlichkeit mehr, nach einer aktiven Phase weniger Sport. Wird das Bedürfnis nach Bewegung und Aktivität bei hoher Ausprägung erfüllt, fühlen wir uns vital, bleibt es unbefriedigt, fühlen wir uns ruhelos. Bei geringer Ausprägung schwankt das Gefühl von angenehmer Trägheit bis zu unangenehmer Anstrengung bei Bewegung.

16. Emotionale Ruhe

Ruhe meint das Streben nach einem „angstfreien", emotional stabilen Leben. Menschen mit einem hoch ausgeprägten Ruhemotiv wünschen sich, Stresssituationen zu vermeiden. Sie sind vorausschauend und verhalten sich vorsichtig, Unbekanntes wird vermieden. Angst kann einen zentralen Platz in ihrem Leben einnehmen, denn in Veränderungen werden schneller die Risiken als die Chancen erkannt. Empfinden Menschen mit einem hohen Ruhemotiv körperliche Schmerzen, machen sie sich schnell Sorgen um ihren allgemeinen Gesundheitszustand.

Umgekehrt haben Menschen mit einem geringen Ruhemotiv eine hohe Stresstoleranz. Sie sind „Entdecker", die Abenteuer und Nervenkitzel suchen. Sich selbst sehen sie als mutig, robust und risikofreudig an. Angst oder Panik empfinden sie selten, auch der Umgang mit Schmerzen ist für sie relativ unproblematisch. Manche werden durch Stress motiviert, besondere Leistungen zu zeigen. Bei einer extrem geringen emotionalen Ruhe kann sich „Tollkühnheit" auf der Suche nach persönlichen „Sensationen" einstellen.

Jeder Mensch hat ein individuelles Maß an benötigter emotionaler Ruhe. Befriedigen stresssensible Menschen ihr Streben nach Ruhe, fühlen sie sich sicher. Tun sie es nicht, empfinden sie sich als ängstlich. Stressrobuste hingegen fühlen sich im befriedigten Zustand „offen gegenüber Neuem", bei „Unterforderung" eher schnell gelangweilt.

3.3 Harmonien und Disharmonien innerhalb einer Motivstruktur

Das menschliche Verhalten ergibt sich aus dem Zusammenspiel der Lebensmotive, in den meisten Situationen sind sogar gleich mehrere Motive wirksam. Aus dieser „Mischung" der Ausprägungen innerhalb der Motivstruktur eines Menschen können sich Harmonien und Disharmonien ergeben.

Synergien

Wenn zwei oder mehr Motive harmonisch miteinander zu vereinbaren sind, können Synergien entstehen, die uns ein starkes Gefühl von Zufriedenheit vermitteln. Durch solche Harmonien können wir Aufgaben mit gesteigerter Leistung erfüllen. So lassen sich etwa ein hohes Machtmotiv und ein ausgeprägter Statuswunsch häufig beruflich gut miteinander vereinbaren. Menschen mit dieser Kombination wollen Erfolg – und bekommen ihn in der Regel auch, da sie durch ihre Motivstruktur eine entsprechend große intrinsische Motivation für Leistung besitzen. Als Konsequenz davon bekommen sie oftmals mehr Gehalt, öffentliche Anerkennung und Titel durch Beförderungen, was wiederum ihr Statusbedürfnis befriedigt.

Ähnlich ist es mit Menschen, die ein geringes Unabhängigkeitsmotiv und ein hohes Beziehungsmotiv besitzen. Sie sind psychisch wie physisch sehr am Menschen orientiert und streben nach Gemeinschaft. Sie wissen Zusammenarbeit zu schätzen und können daher ihre volle Leistungsfähigkeit vor allem in der Teamarbeit entfalten.
Auch im Privatleben gibt es zahlreiche harmonische Motivkombinationen. Besitzt jemand ein gering ausgeprägtes Sammeln-/Sparmotiv, aber ein hoch ausgeprägtes Status- und Essensmotiv, wird er beispielsweise viel Freude daran haben, sich ein teures neues Auto zu kaufen. Er wird oft und gerne in hochklassige Restaurants gehen und auch beim Kochen zu Hause viele qualitativ hochwertige, exklusive Zutaten verwenden.
Die 16 Lebensmotive „überlagern" sich also in vielen Bereichen unseres Lebens und beeinflussen unsere Verhaltensentscheidungen. Dabei verstärken sie sich im Fall eines harmonischen Zusammenspiels, sie können im Fall einer Disharmonie aber auch im Widerspruch zueinander stehen. Diese Disharmonien äußern sich in innerer Unzufriedenheit, Entscheidungsschwierigkeiten und Gewissensbissen. Es lassen sich drei verschiedene Konfliktarten in der Motivstruktur unterscheiden: Ressourcenkonflikte, Methodenkonflikt und Zielkonflikte.

Ressourcenkonflikt

Ein Ressourcenkonflikt liegt vor, wenn die inneren Motive eines Menschen bezüglich des Umgangs mit bestehenden Ressourcen in verschiedene Richtungen streben. Wie gut grüner Status und rotes Sammeln/Spa-

ren miteinander harmonieren, wurde bereits dargestellt. Stellen Sie sich vor, diese Person hätte nun ein hohes Bedürfnis nach Statusobjekten – aber durch ein grünes Sammeln-/Sparenmotiv auch den Wunsch, nur wenig Geld auszugeben. Die Disharmonie der Motive ist offensichtlich: Spart sie ihr Geld, kann sie keine Statusobjekte erwerben. Kauft sie jedoch, bedeutet dies automatisch eine Verringerung ihrer finanziellen Mittel. Kauft sie sich jedoch wertstabile oder wertsteigernde Objekte (z. B. seltene Uhren) passen die Motive wieder gut zusammen.
Ein Ressourcenkonflikt liegt auch bei grüner Macht und grüner Familie vor, hier allerdings nicht bezüglich Geld, sondern der zur Verfügung stehenden Zeit. Jemand mit einem hohen Machtstreben ist ein „Arbeitstier", dem Erfolg und Leistung wichtig sind und der oft Überstunden leistet. Eine hohe Familienorientierung dagegen bezeichnet den Wunsch, viel Zeit mit der Familie zu verbringen und für seine Angehörigen da zu sein. Menschen können allerdings nicht an zwei Orten gleichzeitig sein. Daher wird er im Büro aufgrund der Überstunden Gewissensbisse gegenüber seiner Familie haben. Verbringt er Familienzeit, fällt es ihm andererseits schwer, sich auf die Freizeit einzulassen, da er ja in dieser Zeit nicht arbeiten kann.

Methodenkonflikt

Ein Methodenkonflikt in der Motivstruktur liegt vor, wenn ein Mensch durch seine Lebensmotive gegensätzliche Methodenansätze zur Problemlösung besitzt.

Wie trifft beispielsweise jemand mit grüner Macht und roter Unabhängigkeit Entscheidungen, von denen auch andere betroffen sind? Einerseits möchte er durch seine Machtorientierung die Richtung vorgeben und bestimmen. Andererseits wünscht er sich durch die hohe Teamorientierung einen Konsens herbei. Trifft er die Entscheidung alleine, läuft er Gefahr, dass nicht alle seinem Entschluss zustimmen. Wird die Entscheidung durch die Gruppe getroffen, ist es möglich, dass nicht die von ihm präferierte Entscheidung getroffen wird. Steckt jemand in einem derartigen „Motivdilemma“, wird er versuchen, beide Methodenansätze miteinander zu vereinbaren, indem er beispielsweise suggestive Fragen stellt: „Findet ihr nicht auch, dass herrliches Wetter zum Grillen ist?“. Manchmal mag diese Strategie für ihn Erfolg bringen, sie kann aber auch zu Ablehnung in der Gruppe führen: „Warum fragst du mich überhaupt, wenn ich eigentlich keine Wahl mehr habe?“.

Zielkonflikt

Die letzte Konfliktkategorie ist die des Zielkonfliktes. Hier möchte jemand verschiedem Ziele erreichen, die nicht im Einklang miteinander stehen. Ein gutes Beispiel für eine solche Zieldisharmonie ist grüne/r Rache/Wettkampf, wenn sie mit grüner Anerkennung und grüner emotionaler Ruhe gleichzeitig auftritt. Eine Person mit einer derartigen Motivstruktur vergleicht sich viel mit anderen und hat den Wunsch, diesen Vergleich zu gewinnen. Auf der anderen Seite steht der große Wunsch nach Anerkennung. Jemand mit einem hohen Anerkennungsbedürfnis ist auf externe Bestätigung für sein Selbstbild angewiesen. Wer siegt, bekommt aber nicht nur Lob, sondern ist oftmals auch Neid ausgesetzt. Kommt zudem eine hohe Stresssensibilität hinzu, entsteht schon durch den Wettkampf an sich eine innere Unruhe, die bis zu Angst vor der Veränderung nach einem Sieg führen kann.

Ein derartiger Zielkonflikt wird den betroffenen Menschen sein Leben lang begleiten. Das kann schon in der Schule beginnen: Jemand mit grüner/em Rache/ Wettkampf möchte bessere oder zumindest gleich gute Leistungen wie sein Banknachbar bringen. Er erhofft sich dafür Anerkennung, wird allerdings oft als „Streber" betitelt. Damit ist er ebenso unglücklich, wie er es mit schlechteren Noten als die anderen, aber mit deren Anerkennung wäre.

Die 16 Lebensmotive wirken nicht isoliert – es wirken sich stets gleich mehrere Motive gemeinsam auf unser Verhalten aus. Daraus können einerseits Disharmonien, andererseits Synergien entstehen:

- *Ressourcenkonflikte bestehen, wenn die inneren Motive eines Menschen bezüglich des Umgangs mit vorhandenen Ressourcen in verschiedene Richtungen streben.*
- *Methodenkonflikte bezeichnen die Tatsache, dass ein Mensch durch seine Lebensmotive gegensätzliche Methodenansätze zur Problemlösung besitzen kann.*
- *Zielkonflikte liegen vor, wenn die Ziele einer Person nicht miteinander im Einklang stehen.*
- *Synergien bewirken ein tiefes Gefühl von Zufriedenheit, wenn die Lebensmotive eines Menschen harmonisch zusammenwirken, sodass eine effektive und effiziente Bearbeitung von Aufgaben möglich ist.*

4. Umgang mit mir und den Lebensmotiven

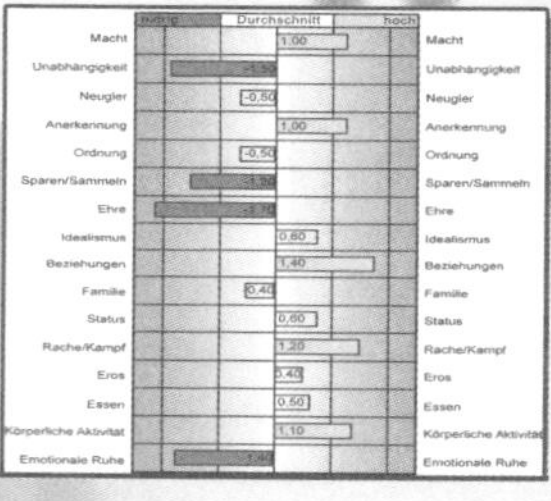

Ein Reiss Profile bietet verschiedenste Ansatzpunkte, um durch einen verbesserten Umgang mit sich selbst zu einer höheren Lebensbalance und damit einer gesteigerten Lebensqualität zu gelangen. Einige der 16 Lebensmotive sind besonders im privaten Bereich relevant, während andere sich vor allem im beruflichen Kontext auswirken. Mit dem Thema Work-Life-Navigation, einem Karriere-Guide und dem Instrument des Prioritäten-Filters stellen wir Ihnen in diesem Kapitel drei Anregungen vor, Ihre Lebensgestaltung und Prioritätensetzung zu überdenken.

4.1 Work-Life-Navigation

Eine Lebensmotivanalyse hilft bei der richtigen Navigation durch die beruflichen und privaten Gewässer. Oft stehen wir uns bei der Prioritätenfindung im Weg, wenn es darum geht, nicht immer die privaten Prioritäten den beruflichen zum Opfer fallen zu lassen.

Beispiel
Melanie Muster besitzt eine überdurchschnittliche Ausprägung des Motivs der körperlichen Aktivität. Das bedeutet, dass sie einen hohen inneren Antrieb für Bewegung, Sport, Fitness besitzt. Sie mag es, ihren Körper zu fordern und zu spüren. Beruflich ist sie jedoch stärker auf sitzende Tätigkeiten festgelegt. Auch ihren Weg zur Arbeit kann sie nur im Zug oder Auto meistern, also wieder sitzend. Wenn sie zusätzlich auch ihre Freizeit mehr sitzend und ohne viel Bewegung verbringt, kann sie eine latente Unzufriedenheit verspüren, ohne dass sie sich diese erklären kann. Durch eine Beschäftigung mit ihren Lebensmotiven hat Melanie ihre vorliegende Prägung erkannt und gelernt, beruflich und privat einen Ausgleich

zu schaffen. Nun hat sie sich einen Stehtisch für ihr Büro angeschafft, geht häufiger die Treppen, als sie den Aufzug nimmt, und achtet darauf, mindestens einmal in der Woche nach Feierabend in ein Fitness-Studio zu gehen.

Die Lebensmotive Familie, Eros, Essen und körperliche Aktivität werden auch „private Motive" genannt, da sie im beruflichen Kontext nur selten ausgelebt werden können. Je nach Ausprägung haben sie hingegen einen sehr starken Einfluss auf unser Wohlbefinden und unsere Leistungsfähigkeit.

Beispiel
Emil Exemplar besitzt ein stark ausgeprägtes Essensmotiv. Schon als Kind hat er gerne genascht, auch als Erwachsener sind ihm die Stunden auf dem Wochenmarkt und in der Küche wichtig. Eine Lebensmotivanalyse hat ihm bewusst gemacht, dass es nicht bei allen Menschen so ist, dass sie, schon beim Schlafengehen darüber nachdenken, was sie am nächsten Morgen Leckeres frühstücken könnten. Ihm ist bewusst geworden, dass seine häufige gedankliche Beschäftigung mit Essen einer besonderen Motivation entspringt, die er durch den Genuss von Nahrungsmitteln erfährt. Aus diesem Grund hat er Ideen gesammelt, wie er sein Essensbedürfnis auch in seinen beruflichen Alltag stärker integrieren kann und einen Ausbau der Kaffeebar in der Gemeinschaftsküche seines Büros angeregt. Seine Vorgesetzten haben den Vorschlag aufgegriffen. Emil ist nun verstärkt motiviert: Er erledigt seine Aufgaben mit einer positiveren Einstellung, weil er sich schon während der Bearbeitung darauf freut, sich für ein gutes Ergebnis mit einem Vanilla Latte zu belohnen.

Kennt man seine individuelle Motivstruktur, kann man einerseits sein Leben leicht darauf hin überprüfen, inwieweit die intrinsischen Antreiber in verschiedenen Le-

bensbereichen befriedigt werden. Andererseits ermöglicht eine Kenntnis der eigenen Lebensmotive Entscheidungshilfe bei der Lebensplanung sowie die passgenaue Ableitung von motivierenden Maßnahmen.

4.2 Karriere-Guide

Die Lebensmotive Macht, Status, Ehre und Rache/Wettkampf geben Ihnen im beruflichen Kontext Aufschluss darüber, bei welcher Karrierewahl Sie besonders erfolgreich sein können. Blicken Sie noch einmal auf Ihre Selbsteinschätzung von Seite 35 – wie ist Ihre berufliche Motivation aufgestellt?
Sind sowohl Ihr Macht-, Status- als auch Ihr Rache-/Wettkampfmotiv grün, d.h. hoch ausgeprägt, erklären sie den inneren Antrieb für das Streben nach Einfluss, Kontrolle, Herausforderungen, Geld verdienen, besser sein, Verantwortung haben und das Anleiten anderer. All diese Motivatoren sind Eigenschaften, die eine Führungsposition in unserer heutigen Gesellschaft oftmals erleichtern und es einfacher macht, sich im Unternehmen zu behaupten.
Das Motiv Ehre, egal ob grün oder rot, also hoch oder niedrig ausgeprägt, unterstützt das berufliche Fortkommen zusätzlich. Mit niedrig ausgeprägter Ehre ist man ziel- und zweckorientiert sowie pragmatisch, was in vielen beruflichen Situationen hilft. Hoch ausgeprägte Ehre, d.h. prinzipienorientiertes, diszipliniertes und loyales Verhalten in Verbindung mit moralischer Integrität bringen Sie in einem Unternehmen ebenfalls weiter, weil Sie sich an Ihre Aufgaben halten und Ihre Vorge-

setzten sich auf Sie und Ihre Loyalität verlassen können. Menschen mit einem niedrigen Machtmotiv findet man oft in Dienstleistungsberufen, denn hierbei steht verstärkt das Personenorientierte im Vordergrund, weniger eine sachorientierte Einstellung.

Beispiel
Ein Abteilungsleiter mit Verantwortung für 26 Mitarbeiter und einem schwach ausgeprägten Machtmotiv wird sich weniger gut entfalten, einbringen und seinen Aufgaben als Führungsperson nachkommen können, als jemand mit einem stark ausgeprägten Machtmotiv. Solange er sich nur auf wenige Menschen, die er direkt zu führen hat, konzentrieren kann, wird er leistungsfähiger und zielorientierter arbeiten, als wenn er primär mit der Aufgabe betraut ist, alle seine Mitarbeiter anzuleiten. Die geeignete Maßnahme zum Wohl aller läge hier in einer anderen Abteilungsaufstellung, z. B. durch Einführung einer Teamleiterebene, die zusätzlich Führungsaufgaben übernimmt.

Ein gering ausgeprägtes Machtmotiv bedeutet nicht, dass Sie weniger erfolgreich sind. Beziehen Sie die Ausprägungen Ihrer Lebensmotive auf Ihre beruflichen Positionen und Aufgaben, so erfahren Sie, was Sie unternehmen müssen, um im Beruf erfolgreich zu sein. Oftmals kann Sie dabei auch ein Gespräch mit einem Reiss Profile Master (Coach) unterstützen.

4.3 Prioritäten-Filter

Jeder Mensch lebt seine Lebensmotive auf andere Art und Weise. Es gibt kaum ein Instrument in der Persönlichkeitspsychologie, das ein derart individuelles Bild auf die intrinsischen Motivatoren eines Menschen ermöglicht wie das Reiss Profile. Insgesamt gibt es Millionen von möglichen Motivkonstellationen. Das spezielle Lebensmotiv eines Menschen ist nahezu so einzigartig wie sein Fingerabdruck. Jedes Reiss Profile muss daher für sich interpretiert werden – auch deswegen, weil sich die Lebensmotive bei jedem Menschen unterschiedlich „mischen" und „überlagern".

Der Prioritäten-Filter ist ein Instrument, das einen standardisierten Zugang zur individuellen Profilinterpretation möglich macht. Mit ihm können Sie für Ihre individuelle Lebensmotivstruktur die fördernden und hemmenden Motive in Ihrem Gesamtmotivgefüge identifizieren.

Nehmen Sie sich dazu Ihr Reiss Profile vor (oder die Selbsteinschätzung von Seite 35) und arbeiten Sie Ihre insgesamt fünf ausgeprägtesten grünen und roten Lebensmotive heraus. Tragen Sie diese Motive mit ihrer jeweiligen Ausprägung (grün und rot) in Ihren persönlichen Prioritäten-Filter auf der nächsten Seite ein (auch als Download erhältlich auf der Website: www.institut-fuer-lebensmotive.de). Wichtig ist, dass Sie für die Spalten und Zeilen der Matrix die gleiche Reihenfolge verwenden.

Versuchen Sie nun, diese Motive paarweise daraufhin zu vergleichen, ob sie sich gegenseitig fördern oder behindern. Identifizieren Sie für die erste Zeile/zweite Zelle „Motiv 1 fördert oder behindert Motiv 2"; für die erste Zeile/dritte Zelle „Motiv 1 fördert oder behindert Motiv 3" usw. und tragen Sie die entsprechenden Zahlenwerte in die Zellen ein:

+2 = fördert sehr
+1 = fördert eher
0 = weder noch/kein Einfluss
–1 = behindert eher
–2 = behindert stark

Beispiel
Melanie Muster besitzt eine hohe Ausprägung für Macht und ein überdurchschnittlich hohes Bedürfnis nach Anerkennung und Idealismus. Sie trägt daher grüne Macht, grüne Anerkennung und roten Idealismus in die Zeilen und Spalten ihres Prioritäten-Filters ein. Beim Nachdenken über die gegenseitige Beeinflussung dieser Motive findet Sie heraus, dass ihr Anerkennungsbedürfnis sie manchmal im Ausleben ihres Machtstrebens hindert, da sie den Glaubenssatz: „Sobald ich führe, setze ich mich positiver wie negativer Kritik aus" in sich trägt. Aus diesem Grund setzt sie in das Tabellenfeld der grünen Anerkennung (Zeile) und grünen Macht (Spalte) als Wert –1. Andererseits bekommt sie für ihr ehrenamtliches Engagement viele positive Rückmeldungen, so dass sie in das Feld der grünen Anerkennung (Zeile) und des grünen Idealismus (Spalte) den Wert +2 einträgt.

Ermitteln Sie anschließend für jede Zeile und Spalte die Summe der eingetragenen Werte und tragen Sie sie in das Feld Zeilen- bzw. Spaltensumme ein.
Ist die Zeilensumme relativ hoch, spricht dies dafür, dass das entsprechende Lebensmotiv eine fördernde Stellung im Gesamtprofil einnimmt, eine Art „Verbündeter" ist. Ist es dagegen niedrig oder sogar negativ, wird es als „Störer" empfunden und ist u. a. für innere Konflikte verantwortlich.

Lebensmotiv						Zeilensumme
Spaltensumme						

Abb.: Prioritäten-Filter von ______________________

Das Motiv mit dem größten Spaltenwert ist der größte „Begünstigte", d.h. dieser profitiert stark von den anderen. Das Motiv mit negativer Spaltensumme ist hingegen eher ein „Opfer" der eigenen Motivkonstellation. Solche Motive haben eine zentrale Stellung im Motivgefüge eines Menschen und sollten in der Bearbeitung eines Reiss Profiles mit Priorität behandelt werden. Versuchen Sie, auch Fragen einer tiefer gehenden Betrachtung für sich zu beantworten:

- Wie kann ich die fördernde Wirkung der als positiv empfundenen Motive weiter verstärken?

____

____

____

- Wie kann ich die hemmende Wirkung der als störend empfundenen Motive abbauen?

____

____

____

- Welchen Einfluss hat mein situatives Umfeld als „Störer" oder „Förderer" von Motiven?

____

____

____

Generell kann der Prioritäten-Filter über eine Erweiterung der Matrix für beliebig viele Motive durchgeführt werden. Für eine Einführung reicht eine Beschränkung auf die fünf zentralen Lebensmotive aus.

Eine Interpretation des Reiss Profiles wird der Individualität der Motivkombination eines Menschen gerecht, ermöglicht aber dennoch einen standardisierten und instrumentalisierten Zugang zur Analyse. Das Reiss Profile ermöglicht für den Umgang mit sich selbst und den Lebensmotiven also

- *die richtige Navigation durch berufliche und private Gewässer,*
- *die Kenntnis über die eigenen Motivatoren für eine optimale Berufswahl zu nutzen,*
- *über den Prioritäten-Filter hemmende und fördernde Motive in der eigenen Motivstruktur zu identifizieren und Maßnahmen abzuleiten, die deren Wirkung entsprechend stärken oder abbauen.*

5. Umgang mit anderen und den Lebensmotiven

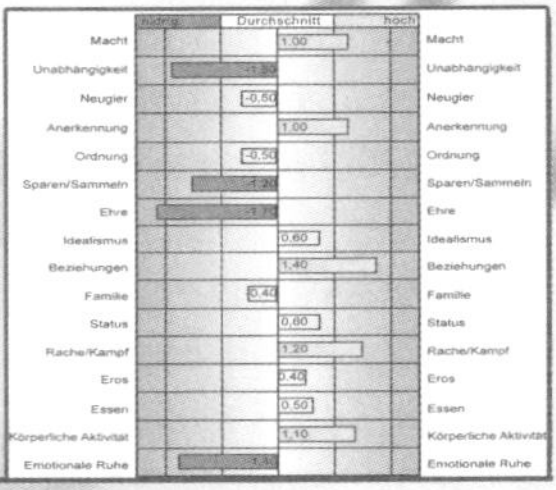

Durch welche „Brille" betrachten Sie andere?

Seite 69

Wie können Sie Maßnahmen ableiten, um Ihre Beziehungen zu bereichern?

Seite 71

Wie kann das Reiss Profile für eine effektivere Führung genutzt werden?

Seite 74

Menschen neigen dazu, andere selbstbezogen gemäß der eigenen Werte und Wünsche wahrzunehmen. Dieses „Self-Hugging" führt oft zu Missverständnissen und Konflikten. Wenn erkannt wird, dass andere Motivausprägungen und Glaubenssätze die eigenen Fähigkeiten, Führungssituationen wie auch Beziehungen insgesamt bereichern können, ist über gegenseitiges Verständnis das Ableiten von Maßnahmen möglich, die zu einer Win-win-Situation führen. Dabei wirken diese Maßnahmen nicht nur in einzelnen Bereichen wie dem Berufs- oder Privatleben, sondern führen zu einer ganzheitlichen Erhöhung der Lebensqualität.

5.1 Unsere Schutzbrille – Selbstbezogenheit

Wir Menschen gehen meistens davon aus, dass unsere Sichtweise auf die Welt, auf Situationen, Menschen und Begebenheiten, die richtige ist. Unser Filter, unsere „Brille", die wir tragen und die sehr individuell und einzigartig ist, gibt uns ein Schema vor, Dinge so zu sehen und anzunehmen wie wir sind. Jeder Mensch hat daher eine natürliche Tendenz, andere Personen gemäß seiner eigenen Wünsche und Interessen wahrzunehmen – und deren eigentliche Bedürfnisse entsprechend misszuverstehen.
Oft haben wir Schwierigkeiten, zu akzeptieren, dass Menschen Dinge anders sehen, als wir es tun. Prof. Steven Reiss nennt das Self-Hugging, was übersetzt nichts anderes als Selbstbezogenheit bedeutet.

Die Neigung zum Self-Hugging ist für viele zwischenmenschliche Missverständnisse verantwortlich. Sie schafft regelrecht „blinde Flecken" in unserem Verständnis für andere und beeinträchtigt die Art, wie wir Mitarbeiter, Partner, Arbeitskollegen etc. beurteilen, einschätzen und letztendlich behandeln. Es ist für einen selbst oft schwer zu begreifen, dass andere Menschen auch andere Motive, Wünsche und Interessen haben und nicht so denken, handeln oder fühlen wie man selbst.

Beispiel
Melanie Muster besitzt ein überdurchschnittlich hoch ausgeprägtes Ordnungsmotiv. Sie betrachtet sich selbst als ordentlich, organisiert und exakt. Sie behält stets den Überblick, da sie im Voraus plant, und schätzt ihre Sensibilität für Struktur und Hygiene als Stärke. Emil Exemplar hingegen hat ein rotes Ordnungsmotiv, das entgegengesetzt wirksam ist. Er beschreibt sich als flexiblen und spontanen Menschen, der offen und pragmatisch auf gegebene Situationen reagiert. In der Freundschaft zwischen Melanie und Emil kommt es immer wieder zu kleinen Konflikten. Melanie kann nicht verstehen, dass Emil völlig ungeplant in den Tag hinein geht. Sie hält ihn für unorganisiert und chaotisch, manchmal sogar für schlampig. Auf der anderen Seite ist Melanie für Emil viel zu perfekt. Ihr ständiger Drang nach Kontrolle geht ihm auf die Nerven, sie ist ihm in diesen Situationen eine viel zu pingelige und detailverliebte „Erbsenzählerin". Oftmals übersehen die beiden Freunde also die Stärken des anderen, indem sie in der Wahrnehmung selbstbezogen ihre eigenen Werte als richtig ansetzen.

Missverständnisse und Konflikte sind also oft unumgänglich, wenn Menschen mit verschiedenen Motivausprägungen aufeinander treffen. Dabei können grundsätzlich drei Aspekte des Self-Huggings unterschieden werden:

- Missverstehen bezeichnet das Unverständnis darüber, dass andere Menschen sich anders verhalten.
- Selbstillusion meint die Selbstverständlichkeit, mit der man davon ausgeht, dass man selbst die „besten“ Werte und Motive hat, die dementsprechend auch für andere Menschen gelten müssen.
- Wertetyrannei ist der ständige Versuch, andere davon zu überzeugen, ihre „falschen“ Motive fallen zu lassen und die „richtigen“ Motive anzunehmen.

Andersartigkeit wird dann oft als eine Bedrohung der eigenen Überzeugungen angesehen, nicht als eine Bereicherung. Überlegen Sie für sich selbst:

- In welcher Situation in Ihrem Alltag war die Ausprägung Ihrer Lebensmotive Auslöser für Missverständnisse und Konflikte?

____

____

____

____

- In welcher Situation hat jemand ein für Sie unerwartetes Verhalten gezeigt, das Ihren Erwartungen widersprochen hat?

____

____

____

____

- Wie können Sie diese Situationen entschärfen oder verbessern?

„Anders" ist nicht „falsch", sondern einfach „anders"! Je eher man damit beginnt, zu verinnerlichen, dass die eigene Motivstruktur und die damit verbundene Sichtweise auf die Welt einzigartig sind, desto leichter kann man andere Motivausprägungen und Glaubenssätze als Bereicherung begreifen und damit umgehen.

5.2 Beziehungs-Lupe

Eine besondere Rolle spielt Selbstbezogenheit in privaten Beziehungen. Studien haben gezeigt, dass Menschen, die einander ähnlich sind, größere Chancen haben, auf Dauer zusammenzubleiben. Dies bedeutet aber nicht, dass Menschen, die sich nicht ähneln, nie glücklich miteinander werden können. Mithilfe der Lebensmotiv-Analyse können Menschen mit unterschiedlicher Motivstruktur lernen, Verständnis für die Ansichtsweisen des anderen zu entwickeln und seine Bedürfnisse zu achten. So kann die Statistik durchkreuzt werden.
Wesentlich für den Erfolg einer solchen Beziehung ist, dass sich beide Partner der eigenen und der Motive des anderen bewusst sind. Es lohnt sich dabei, mit einer Lupe auf die Beziehung zu schauen und sich die Gemeinsamkeiten und Unterschiede in einer Partnerschaft genauer anzugucken. Gemeinsamkeiten festigen als "Klebstoff" die Partnerschaft und machen beide

Partner glücklich. Unterschiede dagegen sind als „Sprengstoff" oft Auslöser für Missverständnisse.
Es gilt, einen Schritt aufeinander zuzugehen und sich in die Motive des anderen hineinzuversetzen. Das oberste Ziel sollte dabei allerdings nicht ein Kompromiss sein. Kompromisse sind Lose-lose-Situationen, in denen beide Partner von ihrer Wunschlösung abrücken und sich damit schlechter stellen. Eine Win-win-Konstellation entsteht erst dann, wenn eine Lösung gefunden wird, in der sich beide wiederfinden können.

Beispiel
Ein Ehepaar will gemeinsam in den Urlaub fahren. Sie freut sich auf einen Strandurlaub, mit viel Zeit zum Ausruhen, Sonnenbaden und Lesen. Er dagegen wünscht sich einen Abenteuerurlaub mit viel „Action" und Sport. Da sie nicht zusammenfinden konnten, kam es in der Vergangenheit immer zu einer Kompromisslösung. Im Sommer fuhren sie gemeinsam für zwei Wochen an die Nordsee zum Erholungsurlaub, im Winter machten sie zehn Tage Wanderurlaub in den Bergen. Diese Lösung führte dazu, dass er den Sommerurlaub nicht genießen konnte und danach schlecht gelaunt nach Hause zurückkehrte. Sie dagegen fühlte sich im Winter schlecht erholt und ausgelaugt. Nachdem sie die gegenseitigen Motive akzeptiert hatten, fanden sie eine Lösung, die beide Seiten befriedigte: ein Cluburlaub. Sie konnte sonnenbaden und das Erholungsprogramm im Angebot wahrnehmen, während er das Sportprogramm mitmachte und mit anderen Cluburlaubern Ausflüge und kleine Erkundungsreisen unternahm.

Das unterschiedlich ausgeprägte Motiv in diesem Beispiel ist das Lebensmotiv der emotionalen Ruhe. Ein Cluburlaub bietet Menschen mit grüner emotionaler Ruhe, also hoher Stressanfälligkeit, die nötige

Erholung, während Menschen mit hoher Stressresistenz die gewünschte Abwechslung vom Alltag erfahren können. Dennoch bleibt genug Zeit für gemeinsame Aktivitäten.
Es ist auch möglich, unterschiedliche Motive in einer gemeinsamen Aktivität zu befriedigen. Die Motive grünes Essen und grüne Beziehungen lassen sich zum Beispiel durch gemeinsames Kochen mit Freunden gut kombinieren.
Beachten Sie, dass der Ansatz der Beziehungs-Lupe nicht nur für Ihre Ehe oder Partnerschaft gilt. Jede Beziehung zwischen zwei oder auch mehr Menschen kann im Berufs- wie im Privatleben durch ein tiefes Verständnis für einander, gegenseitige Rücksichtnahme und entsprechende Win-win-Maßnahmen fruchtbarer und langfristig stabilisiert werden. Die Bezeichnung „Partner" in den nachfolgenden Reflektionsfragen kann daher für jede Person stehen, die Ihnen nahe ist und/oder mit der Sie in häufigem Kontakt stehen.

- In welchen Ausprägungen gleicht Ihre Lebensmotivstruktur stark der Ihres Partners?

- In welchen Ausprägungen unterscheidet sich Ihre Lebensmotivstruktur stark von der Ihres Partners?

- Welche Maßnahmen können Sie ergreifen, um gemeinsam zu Win-win-Situationen zu gelangen?

____

____

____

____

In einer Beziehung geht es nicht darum, möglichst viele Gemeinsamkeiten zu haben. Es ist vielmehr wichtig, auch den Unterschieden Platz einzuräumen und Wege zu finden, mit diesen umzugehen. Dabei führt die Öffnung für die Andersartigkeit des anderen zu einer Bereicherung der Beziehung, da die Schwächen des einen durch die Stärken des anderen ausgeglichen werden können.

5.3 Führungs-Kompass

Eine Lebensmotiv-Analyse eignet sich auch für das gezieltere Führen von Mitarbeitern in einer Abteilung, einem Team etc. Kennt man die Motivstruktur eines Einzelnen, kann man wie bei der Beziehungs-Lupe seine Antreiber und intrinsischen Motivatoren berücksichtigen – bei Mitarbeitergesprächen, der Vergabe von Aufgaben und Projekten, bei Zielvereinbarungen und vielem mehr.

Beispiel
In einer Projektarbeit müssen regelmäßig Berichte und Protokolle verfasst werden. Hier bietet es sich an, demjenigen die Aufgabe zu übergeben, der ein ausgeprägtes Ordnungsmotiv hat. Er wird bei dieser Aufgabe durch sein Streben nach Struktur, Planbarkeit, Organisation etc. unterstützt. Ohne viel Energie dafür aufbringen zu müssen, kann er ein schnelles und qualitativ hochwertiges Ergebnis erzielen.

Ein Teammitglied mit ausgeprägtem Beziehungsmotiv wird es hingegen leichter haben, mit Kollegen aus anderen Abteilungen und Bereichen zu kommunizieren. Schließlich entspricht es seinem Naturell, sich mit anderen auseinander zu setzen, sie verstehen zu lernen und in ständiger Kommunikation mit ihnen zu stehen.
Menschen, bei deren Motivstruktur Teamwork, Konsensfindung, leichter Umgang mit Menschen und die Gabe, um Unterstützung und Hilfe bitten zu können im Vordergrund stehen, haben es leicht, sich in eine Arbeitsgruppe einzufinden. Anders ist es bei Menschen, die Freiheit und Unabhängigkeit brauchen. Für sie bietet es sich an, eine Alleinstellung, z. B. räumlich im Büro oder in der Verantwortungsübernahme, herbeizuführen. Während solche Menschen Teamwork oft viel Kraft kostet, glänzen sie in der Bearbeitung autarker Aufgaben mit instrumentalisiertem Informationszugang.
Nachfolgend finden Sie einige Anregungen, wie Sie Ihre Mitarbeiter gezielter und effektiver gemäß Ihrer individuellen Motivstruktur führen können. Sie sind keine Führungskraft? Nutzen Sie die Auflistung, sich Ihrer eigenen Antreiber weiter bewusst zu werden. Sie können entsprechende Maßnahmen für sich selbst ergreifen oder Ihrem Vorgesetzten im nächsten Mitarbeitergespräch konkrete und fundierte Vorschläge unterbreiten.
Ihr Mitarbeiter hat ein hohes Machtmotiv:

- Geben Sie eher das Ziel als den Weg dorthin vor.
- Übertragen Sie Verantwortung und Entscheidungskompetenz.
- Bieten Sie Leistungsanreize und Herausforderungen.
- Fördern Sie die berufliche Entwicklung und Karriereplanung.
- Kontrollieren Sie eher in größeren Abständen.

Ihr Mitarbeiter hat ein geringes Machtmotiv:

- Übertragen Sie ihm unterstützende bzw. zuarbeitende Aufgaben mit hoher Dienstleistungs- und Kundenorientierung.
- Geben Sie viele Anleitungen und Feedback, zeigen Sie den Weg zum Ziel auf.
- Zeigen Sie nicht nur das Ziel, sondern auch Ansprechpartner, Meilensteine und den Weg dorthin auf.

Ihr Mitarbeiter hat ein hohes Anerkennungsmotiv:

- Betonen Sie die Zugehörigkeit des Mitarbeiters und seinen Wert.
- Geben Sie regelmäßig positives Feedback.
- Setzen Sie erreichbare Ziele.
- Üben Sie keine Kritik, sondern richten Sie den Fokus auf das, was zukünftig noch besser gemacht werden kann.
- Ermutigen und bestärken Sie.
- Bieten Sie Schutz vor den Anforderungen Dritter, da er schlecht „Nein“ sagen kann.

Ihr Mitarbeiter hat ein geringes Anerkennungsmotiv:

- Führen Sie bei Kritik Zahlen, Daten und Fakten als sachliche Beweise an.
- Übertragen Sie herausfordernde Aufgaben.
- Lassen Sie Pionieraufgaben, Neues ausprobieren.

Ihr Mitarbeiter hat ein hohes Ehremotiv:

- Übertragen Sie Aufgaben, die mit den Werten und Leitlinien des Unternehmens zu tun haben.
- Übertragen Sie prägende und überwachende Aufgaben, um Regeln, Prinzipien und Werte zu entwickeln und sicherzustellen.

- Machen Sie Ehrlichkeit erlebbar.
- Erklären Sie Abweichungen von Normen und Vereinbarungen aufrichtig und ausführlich.

Ihr Mitarbeiter hat ein geringes Ehremotiv:
- Übertragen Sie ihm Aufgaben mit möglichst wenigen Restriktionen.
- Bieten Sie ein Arbeitsumfeld mit Handlungs- und Entscheidungsspielraum in Bezug auf Prinzipien und Regeln.
- Betonen Sie den Zweck von übertragenen Aufgaben und stellen Sie den persönlichen Nutzen für den Mitarbeiter heraus.

Finden Sie nun für sich noch Antworten auf die folgenden Fragen:
- Welche der genannten und welche weiteren Maßnahmen können Ihre Motivation am Arbeitsplatz gemäß Ihres Reiss Profiles fördern?

- Welche Schritte werden Sie in den nächsten Tagen ergreifen, um diese Maßnahmen tatsächlich umzusetzen?

Die Besonderheit eines Reiss Profiles besteht darin, dass sich die einzelnen Lebensmotive nicht ausschließlich auf einzelne Lebensbereiche wie das Berufs- oder Privatleben beziehen, sondern durchgängig wirksam sind. So kann eine Erhöhung der ganzheitlichen Lebensqualität eines Individuums erreicht werden:

- *Erkennen Sie die Chance, Ihre selbstbezogene „Brille" abzunehmen und mit einer erweiterten Sichtweise auf die Welt andere besser zu verstehen.*
- *Nehmen Sie berufliche wie private Beziehungen unter die Lupe, um Partnerschaften bei unterschiedlichen Ausprägungen der Lebensmotive durch Win-win-Situationen zu bereichern.*
- *Erhöhen Sie als Führungskraft durch motivorientierte Maßnahmen Ihre Arbeitsleistung und -zufriedenheit und die Ihrer Mitarbeiter oder machen entsprechende Vorschläge.*

Über das Institut für Lebensmotive und die Autoren

Das Institut für Lebensmotive wurde 2006 von Markus Brand und Frauke Ion gegründet. Es hat sich zur Aufgabe gemacht, Menschen bei der Reflexion ihrer Persönlichkeit und der Auseinandersetzung mit ihrem Leben zu begleiten, um langfristig zufriedener, leistungsfähiger und letztendlich glücklicher das eigene Leben zu gestalten.
Markus Brand, Diplom-Psychologe, Coach, Managementtrainer und Speaker, ist seit 2003 Reiss Profile Master. Als einer der erfahrendsten Reiss Profile-Trainer und -Coach Deutschlands bildet er zusätzlich als Reiss Profile Instructor auch andere interessierte Menschen für die Nutzung und Anwendung des Reiss Profiles aus.
Frauke Ion lernte die Methodik 2005 kennen und machte die Ausbildung zum Reiss Profile Master als Ergänzung zu ihrem vorhanden Portfolio als Business Coach und Managementtrainerin.
Die Lebensmotiv-Analyse nach Steven Reiss dient als Instrument, um Menschen anschaulich zu vermitteln, wie sie aufgestellt sind, was sie antreibt und motiviert, um effektiver das eigene Leben zu gestalten und es als unterstützende Hilfe für Entscheidungen in der Lebensplanung zu nutzen.
Das Institut bietet neben der Auswertung des Reiss Profiles auch Reiss Profile Masterausbildungen, Einzel-Coachings, Vorträge sowie offene und firmeninterne Seminare zu Themen rund um Motivation, motivorientierte Führung, Teambuilding und Persönlichkeitsentwicklung an. Für weitere Informationen besuchen Sie unsere Website www.institut-fuer-lebensmotive.de oder senden Sie eine Mail an: info@institut-fuer-lebensmotive.de.

Weiterführende Literatur

- Covey, Stephen: Die 7 Wege zur Effektivität. Prinzipien für persönlichen und beruflichen Erfolg. Offenbach: Gabal Verlag, 10. Auflage 2008

- Reiss, Steven: Human Individuality, Happiness, and Flow. In: American Psychologist, Oct. 2000, 1161-1162.

- Reiss, Steven: Secrets of Happiness. In: Psychology Today, Jan/Feb 2001, S. 50-56.

- Reiss, Steven: The normal Personality. A New Way of Thinking About People. New York: Cambridge University Press 2008

- Reiss, Steven: Who am I? The 16 Basic Desires That Motivate Our Actions and Define Our Personalities. New York: Berkley Trade 2002

- Schimmel-Schloo, Martina; Seiwert, Lothar; Wagner, Hardy: Persönlichkeitsmodelle. Die wichtigsten Modelle für Coaches, Trainer und Personalentwickler. Offenbach: Gabal Verlag 2002

Stichwortregister